오색
마음
소통

오색 마음 소통

초판 1쇄 발행 2017년 7월 17일

지 은 이 이성동
발 행 인 권선복
편   집 천훈민
디 자 인 최새롬
전 자 책 천훈민
마 케 팅 권보송
인   쇄 천일문화사

발 행 처 도서출판 행복에너지
출판등록 제315-2011-000035호
주   소 (07679) 서울특별시 강서구 화곡로 232
전   화 0505-613-6133
팩   스 0303-0799-1560
홈페이지 www.happybook.or.kr
이 메 일 ksbdata@daum.net

값 15,000원
ISBN 979-11-5602-505-4 03190

Copyright ⓒ 이성동, 2017

도서출판 행복에너지는 독자 여러분의 아이디어와 원고 투고를 기다립니다. 책으로 만들기를 원하는 콘텐츠가 있으신 분은 이메일이나 홈페이지를 통해 간단한 기획서와 기획의도, 연락처 등을 보내주십시오. 도서출판 행복에너지의 문은 언제나 활짝 열려 있습니다.

무슨 말로도 통하지 않을 때

오색
마음
소통

이성동 지음

도서
출판 행복에너지

소통의 재발견,
진정한 소통은 마음으로 하는 것

4% 대 55%!

퇴임을 앞뒀던 시점의 박근혜 전 대통령과 오바마 전 대통령의 지지율(2016년 11월 7일, 10월 6일 기준)이다. 무려 11배나 차이가 나는 이유는 뭘까?

미국 경제는 좋아지고 한국 경제는 썩 좋지 못하기 때문일까? 오바마는 재임 기간 중 특별한 게이트 같은 게 없었는데 박근혜는 최악의 최순실 게이트가 터졌기 때문일까? 일리 있는 말이다. 그러나 가장 중요한 이유를 꼽으라면 '소통'이다. 오바마는 소통의 달인이다. 레이건 이후 가장 유머러스한 대통령인 데다 감정 표현에도 능하다.

그는 총기 규제를 발표하면서 코네티컷 총기 난사 사건으로 숨진 초등학생들을 언급하며 눈물을 보였다. 그의 눈물은 천 마디의 말보다 더 위력적인 소통 방식이었다. 미국의 역대 대통령들이 카메라 앞에서 보였던 그 어떤 언행보다 감동적이었다고 평가받고 있다.

유튜브 스타들과 대본 없이 인터뷰를 했고, 농구를 하거나 가족과 함께하는 일상을 SNS를 통해 소개하기도 했다. 이처럼 다양한 방식으로 국민과 소통하려 노력했다.

대면 보고를 잘 받지 않았다는 박근혜와는 전혀 다르다. 그런 오바마에게 박근혜를 위한 조언을 한마디 해주라면 어떤 말일까? 아마도 "바보야, 소통이 답이야!"이지 않을까?

반면, 문재인 대통령은 소통을 잘하실 것 같다. 2017년 5·18민주화 운동 기념식에서 김소형 씨의 추모사를 들으면서 눈물을 흘리고 김 씨를 따라가서 포옹하며 위로하는 모습을 보니 말이다. 레이건이나 오바마처럼 소통 잘하는 대통령으로 우뚝 서시기를 기대해 보자.

누군가와 소통하는 법은 2가지다. 하나는 내가 상대를 받아들이는 것, 다른 하나는 상대가 나를 받아들이게 만드는 것.

전자의 방법은 상처를 받을 수밖에 없다는 것이 문제다. 툭하면 화를 내거나 욕설을 퍼붓는 상사, 그 정도는 아니지만 권위적인 소통 스타일이 몸에 밴 상사나 부모, 남편과 소통하려면 마음에 상처를 입을 수밖에 없다. 그러나 후자의 방법은 다르다. 상대와 말이 아니라 마음으로 하는 소통(이하. 마음 소통)이기에 상처 받을 일이 없다.

'상처 받지 않는 소통법, 즉 나를 받아들이게 만드는 기술!'을 언급하면 말주변이 좋은 사람을 떠올린다. 그래서인지 "소통 달인은 어떤 사람일까?"라는 질문을 던지면 대부분 다음과 같이 말한다.

'말 잘하는 사람'
'대화를 잘 이끌어 가는 사람'
'잘 듣는 사람'
'맞장구 잘 치는 사람'
'유머러스한 사람'
'칭찬 잘하는 사람'

이 책은 기존의 소통 관련 책들과 2가지 관점에서 차별화를 시도했다.

첫째, 말과 대화법 위주의 언어적 요소보다 비언어적 소통법을 중심으로 기술했다.

둘째, 내가 상대를 받아들이는 관점보다 상대가 나를 받아들이게 만드는 관점, 즉 상대와 마음을 나누는 소통법에 대해 기술했다.

소통 달인들은 공통점이 있다. 이 공통점이 바로 현생 인류의 역사 25만 년 동안 이어져 온 불멸의 소통 비밀이다. 과연 무얼까? 역시 말 잘하는 것일까?

"1장 불멸의 소통 비밀"에서 인류 25만 년 동안 이어져 온 불멸의 소통 비밀은 무엇인지, 또 그 원천들은 무엇인지 소개한다.

심리학자 찰드니에 의하면 "인간은 호의를 갖지 않은 사람의 요청에는 응하지 않는다."고 한다. 아무리 말을 잘해도 끌리지 않는 사람과는 불통의 관계로 머물 수밖에 없다는 얘기다.

반면 왠지 모르게 끌리는 사람은 다르다. 말주변이 좋든, 그렇지 않든 서로 잘 통할 것 같은 느낌이 든다. 마음의 문이 열림 모드 상태가 돼 호감이라는 긍정의 잔고가 쌓이기 때문이다.

"2장 마음 소통의 전령사, 끌림"에서는 왜 끌림이 마음으로 대화해도 좋다는 메시지를 주는 전령인지, 어떻게 하면 끌림이란 긍정의 잔고를 쌓을 수 있는지 소개한다.

불통의 책임 대부분이 자신보다 상대에게 있다는 사람들도 많다. 툭하면 화내고 욕하는 상사, 사사건건 말대꾸하는 아들 등과 대화하려면 상처를 받을 수밖에 없는데 제대로 소통이 되겠느냐는 사람들 말이다.

그러나 소통 과정에서 받는 상처인 상사 痛(통)이든, 가족이나 친구와의 단절 痛(통)이든 불통의 원인 대부분은 내 탓이다. 그렇다면 상사 痛(통), 단절 痛(통) 역시 말주변이 없기 때문일까? 아니다. 상대의 공감을 이끌어내지 못하는 것이 주된 요인이다.

"3장 마음의 문을 여는 비밀번호, 공감"에서 왜 공감이 마음 소통의 원천인지, 어떻게 하면 공감이란 긍정의 잔고를 쌓을 수 있는지에 대해 소개한다.

내 할 일만 다하면 주변 사람과의 소통은 신경 쓰지 않아도 된다는 사람들도 많다. 가족들로부터 "열심히 일만 한 당신, 떠나라"는 류의 소릴 듣는다거나 "돈 버는 기계 정도로 취급받는다."며 하소연하는 가장들 중에 그런 이들이 많다.

직장, 비즈니스 세계, 종교나 친목 모임 등에도 '내 할 일만 잘하면 됐지, 뭘 더.'라고 생각하는 사람들이 많다. 관계를 맺고 어울리는 것보다 혼자인 게 더 편하다는 혼밥, 혼술, 혼공 족들도 많다.
왜 이런 유형의 사람들이 많은 걸까? 상대의 마음에 관계라는 잔고를 쌓는 것 자체를 귀찮아하거나 두려워하기 때문이다. 관계 痛(통)으로 인한 상처를 받지도 주지도 않으며 살고 싶다는 것이다. 그러나 이는 잘못된 생각이다. 인간은 주변 사람들과 관계를 맺으며 살아가는 사회적 동물이기 때문이다. 말주변이 없는 사람들은 특히 더 그래야 한다.

"4장 마음과 마음의 연결 통로, 어울림"에서 주변 사람들과의 어울림이 왜 마음 소통의 원천인지, 어떻게 하면 어울림이란 긍정의 잔고를 쌓을 수 있는지에 대해 소개한다.

자신은 정말 소통에 아무런 문제가 없고, 당연히 상처도 주지 않는다고 생각하는 착각 痛(통) 유발자들도 많다. 대통령, 정치인, CEO, 지휘관, 직장 상사, 가장, 남편, 엄마 등 지위가 높거나 권력을 가졌거나 나이 많은 사람들에 특히 더 많은 편이다.

그들은 왜 착각하는 것일까? 소통을 그저 '의견이나 의사 따위가 남에게 잘 통함'이란 의사소통 정도로만 생각하기 때문이다. 소통의 보다 넓고 깊은 의미는 '사물이 막힘없이 잘 통함'이다. 그런 상태가 되려면 상대 마음에 신뢰나 감동과 같은 울림을 줘야 한다. 말주변이 없는 사람들은 특히 더 그래야 한다.

"5장 이심전심을 만드는 느낌표, 울림"에서 울림이 왜 말이 필요없는 마음 소통의 원천인지, 어떻게 하면 상대 마음에 울림이라는 긍정의 느낌표를 쌓을 수 있는지에 대해 소개한다.

소통의 본질을 재발견하라. 결코 말 잘하고 글 잘 쓰는 사람만이 소통을 잘할 수 있는 건 아니다. 소통은 말과 글로만 하는 게 아니기 때문이다. 끌리는 사람, 공감을 이끌어내는 사람, 잘 어울리는 사람, 마음에 울림을 주는 사람이 오히려 더 잘할 수 있다.

더 이상 착각하지도 마라. 불통의 대부분은 상대가 아니라 나로부터 비롯된다는 것을. 내 할 일만 다하는 것으로 마음의 문이 언제나 열림 상태가 되는 건 아니라는 것을. 자신은 소통에 아무런 문제가 없다고 생각하는 것이 소통의 진짜 문제라는 것을.

　누구나 상대의 마음에 긍정과 부정의 잔고를 쌓는다. 소통 달인은 어떨까? 상대 마음에 긍정의 잔고가 넘쳐 나도록 쌓는 사람, 즉 상대에게 상처를 주지 않으면서 스스로 마음의 문을 열도록 만드는 사람이다.

　당신은 어떤 사람인가. 어떤 사람이 될 것인가.

2017년 7월

이성동

목차

불멸의 소통 비밀

4장 마음과 마음의 연결 통로, 어울림

5장 이심전심을 만드는 느낌표, 울림

1장

불멸의
소통
비밀

1

10인 10색
소통 痛(통)

　누구나 소통 관련 고민 한두 가지는 가지고 있다. 상사와의 소통이 힘들 뿐 아니라 상처도 많이 받는다고 하소연하는 직장인들이 대표적이다. 그들만 그런 게 아니다. 직장 동료나 부하 직원, 후배 사원, 고객과의 소통에 애를 먹는 직장인들 또한 많다. 배우자와의 소통 문제로 고민하는 직장인도 있고, 자녀와 원활하게 소통하지 못하는 부모들도 제법 많은 편이다.

　의외의 소통 문제로 말 못할 고민을 하는 직장인들도 많다. 맘에 드는 이성 앞에만 서면 말을 제대로 못하고 버벅거린다는 문제로 고민한다는 미혼 직장인들이 그들 중 한 그룹이다. 공기업 A사에 다니고 있는 소신남(가명, 34세) 대리가 대표적인 경우다. 다음은 그의 사례다.

(1) 말주변이 없어 고민이라는 어느 직장인

"소 대리는 아직 미혼이다. 현재 약혼자도 없고 사귀는 여성도 없다. 그렇다고 독신주의자는 아니다. 결혼하려고 제법 열심히 노력 중이다. 요즘 매 주말의 주요 일과 중 하나가 소개팅에 나가는 것이다.

문제는 소개팅의 결과가 대부분 시원치 않다는 것이다. 상대 여성이 마음에 안 들어 그런 것만은 아니다. 그럴 때도 있지만 열에 두세 번 정도는 마음에 드는 여성을 만나는 편이다.

중요한 건 마음에 드는 여성들로부터 퇴짜를 맞는다는 것이다. 키가 작고 용모가 별로라서 그런 걸까? 아니다. 크지는 않지만 172cm로 그리 작은 키는 아니다. 용모도 보통은 되는 편이다.

여러 가지 이유가 있겠지만 본인은 말주변이 없다는 게 가장 크다고 생각한다. 편한 상대하고 말할 땐 안 그러는데 여성과 1:1로 만나면 긴장을 많이 하는 편이다. 상대 여성이 맘에 들 경우는 더 심해지는 편이다.

긴장하면 얼굴에 표정이 그대로 나타나는 데다 말을 약간 더듬기도 한다. 대화하다가 적당한 단어가 떠오르지 않아 버벅거리는 경우도 종종 있다. 상대 여성이 예상치 못한 말을 하면 증상이 더 심해지는 편이다.

게다가 그가 하는 말은 논리적이지도 못하다. 그냥 두서없는 편이다. 그러다 보니 상대 여성들로부터 질문도 많이 받는다. 그럴 때 또 버벅거리게 된다. 어떤 말을 해야 할지 잘 안 떠오르기 때문이다.

문제는 이 같은 현상이 프레젠테이션과 같이 여러 사람들 앞에 설 때도 나타난다는 것이다. 상황이 이렇다 보니 소 대리는 말 잘하는 사람을 제일 부러워한다.

그들을 흉내 내면서 따라 해 보기도 하고 대화나 PT 관련 책도 여러 권 읽었다. 동영상 또한 많이 봐서 이론적으로는 내공도 강해진 편이다. 그런데도 막상 실전에서는 잘 안 된다. 최근에는 스피치 학원에라도 다녀볼까 고민 중이다."

소 대리가 소개팅에서 마음에 드는 여성과 소통을 잘하려면 어떻게 해야 할까? PT를 잘하려면 어떻게 해야 할까? 그의 계획대로 스피치 학원이라도 다니면 도움이 될까? 2장과 3장에서 그 솔루션을 제시한다.

그래도 소 대리의 고민은 애교 수준인 편이다. 툭하면 화내고 욕까지 퍼붓는 상사로 인해 고통 받는 직장인들에 비한다면 말이다. B제약 회사 영업사원 안정혜(가명, 33세) 대리가 그런 주인공이다. 그녀의 하소연이다.

(2) 툭하면 화내고 욕하는 상사에 상처 받는 직장인

"저는 B제약회사 영업팀에 근무하고 있는 안정혜 대리입니다. 성과를 높이려면 고객인 의사, 약사와 좋은 관계를 맺고 소통을 잘하는 게 중요합니다.

그들과 소통을 잘하냐고요? 처음 한두 번은 여성이라는 입지가 유리한 편입니다. 그러나 그들과 관계를 잘 유지하는 데 있어서는 오히려 불리한 편이더라고요. 그래도 견딜 만합니다. 열심히 뛰면 그런 핸디캡 정도는 극복할 수 있으니까요.

저를 정말 힘들게 하는 건 영업팀장입니다. 회의할 때는 물론, 매사에 툭하면 화내고 욕을 해대거든요. 영업목표가 미달될 때 특히 더 심한 편입니다.

물론 저한테만 그러는 건 아닙니다. 다른 팀원들한테도 마찬가지입니다. 그 팀장과 일한 지 2년이 됐는데 벌써 신입 사원 두 명이 회사를 그만뒀네요.

저도 엄청 스트레스 받고 있습니다. 자다가도 벌떡 일어난 게 한두 번이 아닙니다. 정신과 치료도 받고 항우울제도 먹고 그랬습니다. 수백 번도 더 그만두고 싶었지만 꾹꾹 눌러 참았습니다. 물론 경제적인 문제 때문이죠.

제가 영업사원이니까 고객과 소통 잘하는 게 중요하겠지요. 하지만 지금은 팀장과 어떻게 잘 소통할까, 어떻게 하면 저한테 화내지 않고 욕도 하지 않도록 만들 건지가 더 큰 고민입니다.

팀장은 저를 '안통해' 대리라고 부릅니다. 팀원들이 본인을 고불통 팀장이라 부르고 있다는 것도 모르면서 말이죠.

여자 선배 영업사원에게 자문도 구해 봤는데 뾰족한 수가 안 나오더라고요. 제가 어떻게 소통해야 영업팀장과 서로 얼굴 붉히지 않는 좋은 관계로 일할 수 있을까요?"

상사의 비인격적인 소통 방식에 고통 받는 직장인의 예다. 이 같은 직장인들은 어떻게 해야 할까? 상사와의 대화 스킬을 향상시키면 될까? 물론 그런 방법도 있다. 하지만 보다 근본적인 방법을 강구하는 것이 필요하다. 화가 난 팀장과는 무슨 말로도 통하지 않을 테니 말이다. 3장에서 그 솔루션을 제시한다.

직장과 가사, 육아를 병행해야 하는 워킹맘들은 또 다른 행태의 소통 痛(통)으로 상처 받는다. 그중 하나가 자녀와의 소통 문제이다. 유명 패션 기업 C사에서 디자이너로 일하고 있는 나화성(가명, 37세) 과장이 그런 경우다. 다음은 나 과장의 하소연이다.

(3) 사사건건 말대꾸하는 아들 때문에 미치겠다는 워킹맘

"우리 가족을 소개해 드리겠습니다. 남편, 아들, 딸, 그리고 저 이렇게 네 식구입니다. 남편은 평범한 직장인이고 중2인 큰애가 아들, 딸은 초등학교 5학년입니다.

제 고민은 퇴근이 늦는 날이 많고 주말에도 주로 출근하는 편이라서가 아닙니다. 남편이 집안일을 잘 도와주는 편이라서 헤쳐 나가고 있습니다.

아들과의 소통이 점점 잘 안 된다는 게 고민입니다. 중학생이 되고 나서부터 제 말에 사사건건 토를 달더라고요. 그런 아들의 말대꾸에 언성을 높이면 아들이 그럽니다. "왜 소리 지르고 그래?"라고요. "그러는 너는 왜 소리 지르는 건데?"라고 말하면 뭐라는지 아세요? "엄마한테 배워서 그래."라는 식으로 대꾸합니다.

정말 어이가 없더라고요. 처음에는 제가 퇴근도 늦고 주말도 일하는 날이 많다 보니 그런가 보다 하고 생각했습니다. 친정 엄마가 아이들을 돌봐 주실 땐 그런 태도가 없었거든요.

그래도 그 정도는 양반입니다. 게임 좀 그만하라고 하면 "뭐, 개소리야! 게임 시작한 지 20분밖에 안 됐는데."라고 말합니다. 친구들끼리 쓰는 말이 불쑥 튀어나왔겠지만 맨 처음 그 말을 들었을 땐 정말 미치겠더라고요.

아무튼 아들과는 이런 식입니다. 제 말에 한마디도 지지 않겠다는 듯이 말대꾸하면서 대들곤 합니다. 이럴 때 남편하고라도 말이 잘 통하면 좋을 텐데요. 남편은 도무지 말이 없습니다.

그나마 말을 해도 단답형입니다. "밥 줘, 현승이는?" 이런 식으로 꼭 필요한 말 아니고는 전혀 말을 안 하는 스타일입니다. 제때제때 대답도 안 하는 편이어서 답을 듣고 싶으면 두세 번씩 물어야 됩니다. 마치 벽하고 대화하는 것 같습니다.

아들과 말할 땐 울화통이 치솟고 남편과 말할 땐 답답함 때문에 미치겠습니다. 제가 어떻게 해야 아들하고 남편과 원활하게 소통할 수 있을까요?"

워킹맘으로서 느낄 수 있는 고통 대부분이 일과 가사, 육아라는 삼중고에서 비롯된다. 그래서 회사 퇴근 후 집으로 출근한다는 말이 있는 것이리라. 그런데 나화성 과장의 경우는 아들, 남편과의 소통 문제가 더 고통이라고 한다.

　나 과장 같은 워킹맘들의 고민은 어떻게 풀 수 있을까? 아들, 남편과의 대화의 기술을 업그레이드 시킬 필요가 있을까?

　물론 그런 방법도 있다. 문제는 무슨 말로도 통하지 않을 가능성이 높다는 것이다. 그러므로 나 과장에게는 새로운 접근 방법이 필요하다. 2장과 3장에서 그 솔루션을 제시한다.

　지금까지 직장인들이 안고 있는 소통 관련 고민의 유형 3가지를 소개했다. 매일 얼굴을 맞대며 생활하는 가족은 물론, 처음 본 상대와의 소통 문제로 고민하는 직장인들도 있다. 하지만 대부분의 고민은 직장 상사나 동료와의 관계에서 오는 갈등에서 비롯된다.

　반면 어떤 직장인들은 한 단계 더 높은 수준의 소통을 하고자 고민한다. 의사소통 잘하는 것을 뛰어넘어 마음과 마음이 막힘없이 통하는 관계를 맺고자 한다.

　D자동차 회사 노무팀에서 9년 차 직장인으로 일하고 있는 동호인(가명, 37세) 과장이 그런 직장인이다. 다음은 동 과장의 소통 관련 비전이다.

(4) 마음과 마음이 통하는 관계를 맺고 싶다는 어느 직장인

　"저는 D자동차 노무팀 동호인 과장입니다. 발령을 받은 지는 2년이 됐습니다. 외향적이고 사교적인 성격을 살려 노조 집행부 사람들과 좋은 관계를 맺고 소통도 잘하라는 뜻으로 받아들였습니다.

잘 아시다시피 저희 회사 노조가 세기로 명성이 자자한 편입니다. 어쨌든 저도 지난 2년 동안 노조 집행부 사람들과 부딪쳐 봤습니다. 소통에 대해 진지하게 생각해 보는 계기도 됐고요.

제가 내린 소통의 정의는 이렇습니다.

'소통은 내 뜻을 잘 전달하는 것만이 아니다. 물론 상대의 뜻을 잘 이해하는 것만도 아니다. 그건 그저 의사소통일 뿐이다. 진정한 소통은 서로의 마음과 마음이 통하는 것이다.'

이런 관점에서 가능하면 그들의 입장을 이해하고 존중하려고 노력 중입니다. 그래서 그런지 그들과의 관계도 원만한 편입니다. 의사소통에도 특별한 문제는 없는 편이고요. 문제는 그들과 서로 마음이 통하는 관계를 맺고 싶은데 그게 잘 안 되더라는 겁니다.

물론 나름대로 노력도 해봤습니다. 비공식적으로 점심이나 저녁을 같이 먹기도 하고 술도 한 잔씩 하기도 했고요. 나름 그렇게 했는데도 한계가 있더라는 겁니다. 친구나 일반 직장 동료들과 관계를 맺는 것과는 차원이 다른 문제인 것 같더라고요. 제가 어떻게 하면 그들과 마음으로 통하는 관계를 구축할 수 있을까요."

지금까지 소개한 세 명의 직장인들과는 조금 차원이 다른 고민인 셈이다. 말이나 대화, PT를 잘하기 위한 차원을 뛰어넘어 서로의 마음이 막힘없이 통하는 관계를 맺고 싶다는 고민이니 말이다.

이런 생각을 가진 사람도 있을 것이다. '동 과장의 고민은 어떻게 관계를 잘 맺을 것인가에 대한 문제이지 소통을 잘하는 것과는 관계가 없지 않나요?'

일리 있는 말이다. 그러나 그 같은 생각은 소통의 의미를 의사소통 정도로 좁게 보는 관점이다. 소통은 상대가 누가 됐든 그 상대와 막힘없이 잘 통하는 것이다. 잘 통하려면 우선 관계가 좋아야 한다.

이때 필요한 솔루션이 마음으로 통하는, 즉 마음 소통을 하는 것이다. 어떻게 하면 될까? 상대와 잘 어울리는 것과 무언가를 줘 울림을 주면 된다. 4장과 5장에서 그 솔루션을 제시한다.

직장인들 중에는 관계에서 오는 피로와 고통을 호소하는 이들도 많다. 대인관계의 중요성이 강조되다 보니 개인의 사생활이나 자율성마저 침해 받는 직장들이 많기 때문이다.

대표적인 예가 원치 않는 부서 회식에 참석해야 하는 것이다. 밤 늦은 시간이든 주말이든 시도 때도 없이 울려대는 부서 단체 카톡방 역시 마찬가지다.

이 같은 고통은 주로 내성적이면서 비사교적인 성향의 직장인들이 호소한다. 물론 그들 모두가 그런 건 아니다. 하지만 그들 중에 혼밥, 혼술, 혼놀, 혼공 족들이 많은 편이다. 그들은 관계에서 오는 스트레스를 받지 않기 위해 직장에서도 그런 경향을 은연중에 나타낸다.

E은행 영업점에 근무 중인 고진식(가명, 34세) 대리가 대표적인 예

다. 다음은 그의 하소연이다.

(5) 내 할 일만 다하면 됐지, 왜 소통에 신경을 써야 하지?

"저는 E은행 개포동 지점에서 대리로 근무 중입니다. 지점장 등 상사나 동료들과 소통하는 데는 큰 문제가 없습니다. 소통을 아주 잘하는 건 아니지만 그렇다고 불통이나 먹통인 것은 아니거든요.

그럼에도 저는 소통과 관련해서 두 가지 고민을 갖고 있습니다. 하나는 고객과 가끔씩 트러블이 발생한다는 겁니다. '고객이 왕'이란 말도 있지만 무조건 고객 말이 옳은 건 아니라고 생각합니다. 그런데 고객과 트러블이 있고 나면 지점장이 꼭 저를 불러 이렇게 말합니다.

"고객을 고지식하게 대하지 말고 진심을 다하는 마음으로 소통하라고. 알았지?"

이런 말을 들을 때마다 "잘 알겠습니다."라고 말하곤 합니다. 하지만 고민입니다. 규정을 어길 수도 없고 수수료를 내 돈으로 내는 식으로 고객과의 트러블을 없앨 수도 없고 해서 말이죠.

다른 하나는 왜 굳이 업무 외 시간까지 고객들, 때로는 은행 본점 직원들과 어울려야 하느냐는 겁니다. 저는 성격이 조용한 편입니다.

사람들과 어울려 저녁 먹고 술 마시고 그러는 걸 싫어합니다. 그래도 영업점 사람들과 한 달에 한 번 정도의 회식은 괜찮다고 생각합니다. 직장 생활하려면 그 정도는 이해해야겠죠.

문제는 지점장이 술을 좋아하는 탓에 종종 같이 어울려 줘야 한다는 겁니다. 게다가 고객과의 저녁 식사자리에도 꼭 저를 부르는 편입니다. 술을 좋아하지 않는 저로선 정말 고역입니다.

더 큰 고민은 지점장이 본점의 영업점 지원 부서에 있는 직원들과 잘 어울리라는 겁니다. 점심이든 퇴근 후 술자리든, 동호회든 가리지 말고서 말입니다. 그러면서 지점장이 뭐라는지 아십니까? 병주고 약 주는 식입니다.

'고 대리! 이게 다 널 위해서야. 내가 꼭 고 대리 같았거든. 그래서 일부러 고 대리에게 그런 주문을 하는 거야. 고 대리는 자기 할 일만 다하면 그걸로 끝나는 줄 알지? 천만의 말씀이야. 직장 생활 20년 넘게 해보니 세상만사가 그게 아니더라. 결국엔 업무 능력보다 관계 능력이 좋은 사람들이 이기게 돼 있어. 내 말 깊이 새겨 들어.'

제가 어떻게 하면 고객과 트러블 없이 잘 소통할 수 있을까요? 내할 일만 다하면 됐지, 굳이 퇴근 후나 주말 등 개인 사생활을 희생하면서까지 고객이나 직원들과 어울리며 소통해야 하는 걸까요? 지점장 말이 정말 맞는 걸까요?"

고진식 대리와 같이 관계에서 오는 갈등과 불통 문제로 상처 받는 직장인들이 많다. 아예 공공연히 퇴근 후와 주말에는 내 생활을 즐길 것이므로 간섭하지 말아 달라는 이들도 있다. 앞서 소개한 동호인 과장과는 다른 유형의 관계 痛(통)인 셈이다.

그렇다면 고 대리 같은 성향의 직장인은 고객과 어떻게 소통하는 것이 좋을까? 본점 직원들과 업무 외적인 일로는 소통을 하지 않는 게 답일까? 그래도 해야 한다면 어떻게 소통하는 것이 좋을까?

자신의 내향적인 성격을 사교적인 성격으로 진화시키는 방법도 있고, 상대의 마음에 울림을 주는 것도 방법이다. 이와 관련해서는 5장을 참조하기 바란다.

지금까지 소개한 다섯 사람과는 다른 소통 痛(통)으로 고민하는 이들도 많다. 동료들로부터 따돌림 당하는 직장인도 있고, 가족들로부터 왕따 당하는 가장도 있다. 상사의 권위적 소통 스타일로 상처를 받는 사람이 있는가 하면, 자신은 부하 직원이나 주변 사람들과 소통 잘하고 있다고 착각하는 사람들도 있다. 우리 모두가 10인 10색 소통 痛(통) 시대에 살고 있다고 해도 틀린 말이 아닌 셈이다.

02
무슨 말로도
통하지 않을 때

앞서 소개한 다섯 사람의 소통 관련 고민을 풀 방법에 대해 생각해 보자. 역시 소통 관련 책을 읽는 것이 방법일까? 아니면 소통 관련 세미나를 수강하는 것이 더 나을까? 아무래도 후자가 더 나을까? 소통 전문가들로부터 관련 노하우를 전수받을 수 있을 테고, 참가자들끼리 토론하면서 솔루션을 찾을 수도 있을 테니 말이다.

그러나 전자든 후자든 부분적인 해결책일 뿐이다. 소통 관련 책들이나 세미나 대부분이 대화 잘하는 법과 관련된 것들을 다루고 있기 때문이다.

소통 관련 책이나 세미나는 주로 다음과 같은 내용을 다루고 있다. 경청과 질문을 잘하자, 맞장구를 잘 치고 칭찬도 잘하자, 유머러스한 화술을 구사하자, 이런 상황에서는 이렇게 말하는 게 좋다, 말투 하나만 바꿔 봐라, 말에도 온도가 있다라는.

문제는 실제 상황에서는 무슨 말로도 통하지 않을 때가 제법 많다는 것이다. 왜 그런 걸까? 심리학자 메라비언에 의하면 상대방과 소통을 할 때 말의 내용이 차지하는 비중은 7% 정도밖에 안 된다.

상대의 마음을 움직이는 데 있어 목소리, 표정, 태도, 시선, 제스처와 같은 비언어적 요소가 93%를 차지한다. 상대와 소통하기 위해서는 말, 즉 언어적 요소보다 비언어적 요소가 훨씬 중요하다는 것이다.

물론 목소리를 비언어적 요소로 보기에는 좀 무리가 있다는 주장도 있다. 그러나 메라비언의 주장은 다르다. 높낮이나 정감 어린 표현 등 목소리 그 자체는 말의 내용, 즉 언어적 요소가 아니다. 상대의 마음에 호감을 주고 공감을 이끌어내는 비언어적 요소라는 것이다.

메라비언의 주장에 동조하는 이들도 많다. 그들 중 대표적인 이가 프랑스 베스트셀러 작가인 크리스텔 프티콜랭이다. 그 역시 비언어적 요소의 중요성을 이렇게 강조했다.

"소통은 단순히 서로 대화를 주고받는 게 아니다. 비언어적 방식으로 상대의 존재를 받아들이는 것이다."

프티콜랭의 '상대의 존재를 받아들이는 것'이란 정의는 수정돼야 한다. 이 책이 전하는 핵심 메시지인 '상대가 나를 받아들이게 만드는 것'으로. 왜냐고? 상대의 존재를 받아들이는 방식은 앞서 소개한

안정혜 대리처럼 내가 상처를 받을 가능성이 높기 때문이다. 어쨌든 두 사람에 의하면 대화 잘하기만으로는 10인 10색의 다양한 소통 痛(통)을 해결하는 데 분명 한계가 있다.

또 다른 한계점도 있다. 말을 잘하고 대화를 잘 이끌어 가는 화술과 관련한 재능은 어느 정도 타고난다는 것이다.

야구에서 강속구 투수가 되기 위한 것과 같은 이치이다. 신체적으로 다 성장한 성인 투수가 시속 130km의 공을 던지다 열심히 노력하면 150km가 넘는 강속구를 던질 수 있을까?

야구인들에 의하면 거의 불가능하다. 제구력과 변화구 구사 능력은 향상 시킬 수 있다고 한다. 그러나 시속 150km가 넘는 공을 던지는 강속구 투수가 되는 것은 강한 어깨를 타고나야 한다는 게 야구계의 정설이다.

말과 대화를 잘하는 것 역시 비슷하다. 그런 재능을 타고나야 한다. 소통 등 자기계발 관련 강사로 명성을 날리고 있는 김미경 씨와 김창옥 씨가 대표적이다. 두 사람은 강의 스킬도 뛰어나지만 유머러스한 강의로 더 유명한 편이다.

그렇다면 두 사람은 열심히 노력해서 강의를 잘하고 청중들이 배꼽을 잡고 웃게 만드는 것일까? 그런 면도 없지는 않다. 그러나 두 사람 모두 자신의 어머니로부터 말 잘하는 재능을 어느 정도 물려받았다고 말한다.

상대방의 말을 잘 듣고 유머러스하게 대화를 풀어 가는 능력 역시 마찬가지다. 책을 몇 권 읽는다고, 열심히 연습한다고 되는 게 아니다. 성인 투수가 열심히 노력하면 공의 스피드를 조금은 높일 수 있는 것처럼, 조금 나아질 수는 있어도 분명 한계가 있다.

누구나 상대와 대화할 때 무슨 말로도 통하지 않을 때를 경험한다. 왜 그런 걸까? 상대 마음의 문이 닫힌 상태이기 때문이다. 그러므로 더 이상 말 잘하는 사람이 되기 위해 노력하지 마라. 소통 잘하는 새로운 해법, 93%를 찾는 게 더 효과적이다. 비언어적 요소와 관련된 소통 솔루션, 즉 마음으로 하는 대화의 기술 말이다.

03

모든 고통은
불통에서 비롯된다

"소통이 왜 중요하다고 생각하십니까?"

이 같은 질문을 던지면 대부분 다음과 같은 답변들이 나온다.

"소통이 잘되면 상대를 설득할 수 있잖아요."

"불통이 되면 우선 답답하고, 그 다음엔 갈등과 고통이 생기기 때문이에요."

"성공과 실패를 가르는 분기점이기 때문에요. 제안서도 그렇고 프레젠테이션 할 때도 그렇고요. 소통이 잘돼야 수주에 성공할 수 있잖아요."

모두 일리 있는 말이다. 소통은 만사형통과 고통을 가르는 분기점이기 때문이다.

대부분의 사람들이 "소통은 만사형통을 부른다."는 말에는 공감한다. 소통이 잘되면 직장과 가정, 그리고 어떤 모임에서 무슨 일을 하든 술술 잘 풀린다면서 말이다.

그러나 "모든 고통은 불통에서 비롯된다."는 말에는 언뜻 공감이 가지 않는다는 이들이 많다. 그들은 이렇게 말한다. "불통이 되면 물론 갈등, 실패, 분노 등이 일어날 것이다. 그렇지만 모든 고통의 원인이 되는 건 아니지 않느냐."고.

그렇지 않다. 이 세상의 모든 고통은 불통에서 비롯된다. 생각해 보자. 고통을 부르는 갈등, 실패, 분노는 무엇에서 비롯되는 것일까? 오해, 편견, 불신, 실망, 무시, 학대, 따돌림, 폭언, 폭력, 다툼, 불화 등에서 비롯된다. 그렇다면 이 원천들의 어머니는 누굴까? 바로 불통이다. 그렇다 하더라도 모든 고통이 불통에서 비롯된다는 건 지나친 논리의 비약이라는 사람들이 있다. 그들은 다음과 같은 반론을 제기한다.

"취업이 안 된 취준생들의 고통이 불통에서 비롯됐다고 하는 건 좀 그렇지 않나요."
"돈이 없어 고통 받는 사람들의 경우는 다르지 않나요? 내 지갑, 내 통장에 돈이 없어 고통 받는 게 소통을 잘 못했기 때문은 아니라는 거죠."
"R&D 전문가 역시 마찬가지 아닌가요? 신기술이나 신제품 개발의 성패가 소통과는 관계가 없지 않느냐는 겁니다."

이렇게 말하면서 '대부분의 고통은 불통에서 비롯된다.'로 바꾸는 게 좋을 것 같다고 말한다. 과연 그들의 생각이 맞는 걸까? 아니다. 왜 그런지 생각해 보자.

취업에 3년째 실패한 취준생이 있다고 하자. 그는 왜 취업을 못한 걸까? 열린 채용이다, 뭐다 그러지만 결국 스펙과 실력이 부족했기 때문일까?

물론 그런 저런 이유들이 있을 것이다. 하지만 가장 큰 이유는 채용 담당자와 면접관들과의 소통에 실패했다는 것이다. 자소서와 면접을 통해 그들과 원활하게 소통하지 못했기 때문인 것이다.

돈이 없어 고통 받는 경우도 마찬가지다. 그들은 왜 돈이 없을까? 물론 일하기 싫거나 과소비, 도박 탓에 돈이 없는 사람들도 있다. 하지만 대부분의 경우는 취업에, 직장 생활에, 사업에 실패했기 때문이다.

그들은 왜 실패했을까? 스펙이, 능력이, 노력이 부족해서일까? 물론 그런 경우들도 있다. 하지만 근본적인 이유는 고객이나 상사와의 소통, 더 넓게는 세상과의 소통에 실패했기 때문이다.

생각해 보자. 고객과 소통이 안 되면 비즈니스 성과가 좋을 수 없다. 상사와의 소통 역시 마찬가지다. 상사와 잘 통하는 직장인이 승진과 보직 경쟁에서 앞설 수밖에 없다.

반대로 잘 통하지 않는 직장인은 갈등으로 인해 고통 받다 사표를 던질 확률이 높다(한 통계에 의하면 중도에 직장을 그만둔 사람들의 80%가 상사와의 갈등 때문이다). 또한 명예퇴직이나 희망퇴직을 실시하면 1순위 대상자로 오를 가능성이 높다.

세상과의 소통은 관계가 없지 않느냐고? 그렇지 않다. 앞길이 창창한 직장인이든, 퇴직을 얼마 남겨 놓지 않은 직장인이든, 자영업자든 세상과 잘 소통해야 성공할 수 있다. 세상의 변화 트렌드를 읽는 통찰력이 있어야 남들보다 한발 앞서 대비할 수 있기 때문이다.

R&D전문가들이 받는 고통 역시 소통과 연결돼 있다. 그들이 고통 받는 건 신기술, 신제품 개발에 실패하기 때문이다.

그렇다면 그들은 왜 실패하는 걸까? 여러 이유가 있을 것이다. 가장 중요한 것 한 가지를 꼽는다면 뭘까? 고객과, 세상과 소통하지 못했다는 것이다. 고객과 통하는 제품을 개발해야 하는데 자기들끼리만 잘 통하는 걸 개발했기 때문이라는 거다.

어떤가? 이제 모든 고통은 불통에서 비롯된다는 말에 공감이 가는가. 그럼에도 소통을 먹고 살 걱정 없는 사람들이 늘어놓는 하소연 정도로 여기는 이들이 많다. 그래서 실패하는 대통령, 정치인, 기업인, CEO, 임원, 상사, 가장들이 있는 것이다. 그들은 다음의 말을 기억해야 한다.

"성공의 비결이 뭐냐고? 도전, 창조, 혁신, 열정이라고? 바보야,

소통이 답이야!"

CEO든, 임원이든, 팀장이든, 일반 직장인이든, 가장이든, 엄마든. 각자의 포지션에서 성공적이고 행복한 삶을 살려면 소통을 잘해야 한다. 고통 받지 않는 삶을 사는 것 역시 마찬가지다.

"만사형통은 소통에서 비롯되고, 모든 고통은 불통에서 비롯된다!"는 말을 꼭 상기하기 바란다.

04
소통 달인의
36기(技)

"소통 달인은 어떤 사람일까? 어떤 재능을 갖고 있을까."

이 같은 질문을 받으면 사람들은 대부분 다음과 같이 말한다.

"말을 논리적이고 설득력 있게 잘한다."
"잘 듣는 사람이다."
"말대꾸 대신 맞장구를 잘 친다."
"상대의 말꼬리를 자르지 않는다."

유머 감각이 있고 칭찬을 잘한다는 기술도 빠지지 않는다. 물론 그런 것들 모두가 소통 달인들의 기술이자 특징이다. 그러나 소통 잘하는 사람들은 지금까지 언급한 것들은 물론, 다른 기술들도 갖고 있다. 다음과 같은 기술들이다.

소통 달인의 36기(技)

1. 말을 잘한다(논리적, 설득력) T
2. 잘 듣는다 T
3. 맞장구를 잘 친다 T
4. 말꼬리를 자르지 않는다 T
5. 유머러스하다 T
6. 칭찬을 잘한다 T
7. 목소리가 좋다 A
8. 질문을 잘 던진다 S
9. 잘 웃는다 A
10. 화를 잘 안 낸다
    (버럭 고함을 지르지 않는다) S
11. 보고를 잘한다 S
12. 프레젠테이션을 잘한다 S
13. 대화 소재가 풍부하다 A
14. 스킨십을 잘한다 S
15. 표정이 밝다 A
16. 눈, 귀가 밝다 A
17. 약속을 잘 지킨다 A
18. 협상을 잘한다 S

19. 긍정적이다 A
20. 잡기에 능하다 R
21. 공감 능력이 뛰어나다 S
22. 상대를 배려할 줄 안다 A, S
23. 상대를 인정하고 존중한다 A, S
24. 먼저 다가간다 R
25. 자주 연락한다 R
26. 분위기 메이커다 S, R
27. 재미와 즐거움을 준다 G
28. 감동을 준다 G
29. 문제를 해결해 준다 G
30. 도움을 준다 G
31. 함께 웃고 같이 운다 S
32. 잘 어울린다 R
33. 함께한다 R
34. 편지나 글로 소통한다 R
35. 리액션을 잘한다 S
36. 상대가 듣고 싶어 하는 걸 말한다 S

물론 이상의 36가지 외 기술들도 있다. '경조사를 잘 챙긴다', '언제나 믿음을 준다', '항상 밝은 표정을 짓는다', '긍정적이다' 등이다.

　대부분의 사람들은 소통 달인의 기술이 이렇게 많다는 것에 놀란다. 왜 그런 걸까? 말 잘하고 대화를 잘 이끄는 사람들로만 생각해왔기 때문이다.

　도움을 주는 것과 잘 어울리는 건 말 잘하는 것과는 전혀 관계가없다. 잘 웃는 것 역시 마찬가지다. 대화 잘하는 소통 달인의 기술이 아닌 다른 유형, 즉 마음으로 대화하는 소통 달인의 기술이란 의미다.

오색 마음 소통
달인들

알파벳 대문자 표기는 무얼 뜻하는 걸까? 소통 달인을 유형별로 분류한 것이다. 알파벳 표기에서 알 수 있듯이 T, A, S, R, G 등 5가지 유형, 즉 오색 마음 소통 달인이 있다.

T는 Talk를 말한다. 말 잘하는 사람, 말주변이 좋은 사람, 즉 대화형 소통 달인들이 갖고 있는 특징을 T로 표기했다.

A는 끌림이나 매력, 호감 등을 뜻하는 Attraction을 말한다. 상대에게 호감을 주는 것도 소통하는 데 있어 아주 중요하다. 상대의 마음에 호감이라는 긍정의 잔고를 쌓을 수 있기 때문이다.

비호감인 사람한테는 그가 아무리 말을 잘해도 궤변으로 들릴 뿐이다. 내 마음에 긍정의 잔고가 쌓이기는커녕, 마음의 문이 열릴 기미조차 없는, 즉 마음의 문 닫힘 상태가 되기 때문이다.

'내 마음엔 당신에 대한 부정의 잔고가 가득 찼어!'라는 상대에게
는 무슨 말을 해도 통하기 어렵다. 제 아무리 말을 논리적이고 설득
력 있게 잘해도 마찬가지다. 이런 관점에서 보면 끌림은 마음의 문
을 열림 모드로 만든다. 마음 소통의 전령사이자 매우 중요한 비언
어적 소통 기술이라 할 수 있다.

프롤로그에서 소개한 찰드니의 말처럼 끌리지 않으면 통할 수 없
다는 사실을 명심하기 바란다. 이런 관점에서 A형 소통 달인을 끌림
형 소통 달인이라 부른다.

S는 Sympathy, 즉 공감을 말한다. S 왼쪽의 문장들은 상대의 공감
을 잘 이끌어 내서 그들 마음에 긍정의 잔고를 잘 쌓는 소통 달인들
의 특징이다.

끌린다고 해서 상대의 마음이 활짝 열리는 것은 아니다. 긍정의
잔고가 수북이 쌓이는 것은 더욱 아니다. 공감을 이끌어낼 수 있어
야만 가능하다. 공감을 마음의 문을 여는 비밀번호라 하는 이유이
다. S형 소통 달인을 공감형 소통 달인이라 부른다.

R은 관계를 뜻하는 Relationship을 말한다. 끌림형, 공감형 소통
달인이 되기 위해서는 말이 보조적 수단 정도로는 활용되는 편이다.
그러나 R형 소통 달인, 즉 어울림형(또는 관계형) 소통 달인들에게는
말이 전혀 필요 없다.

자주, 그리고 열정적으로 어울릴수록 상대의 마음에 우호적 관계
라는 긍정의 잔고를 차곡차곡 쌓을 수 있다. 어울림이 마음과 마음

을 연결해 주는 통로 역할을 하기 때문이다.

G는 Give, 즉 주는 것을 말한다. 그렇다면 G형 인간, 즉 무언가를 주는 사람이 왜 소통 달인이 될 수 있다는 걸까? 상대 마음에 울림이란 긍정의 느낌표를 쌓을 수 있기 때문이다.

심리학자 로버트 치알디니에 의하면 상대에게 무언가를 주면 그 상대와 잘 통할 수 있는 상태를 만들 수 있다. 받은 사람은 무언가로 되갚아야 한다는 심리적 빚을 진 상태가 되기 때문이다. 왜 그런 걸까? 무언가를 주는 행위가 상대의 마음에 어떤 형태로든 울림을 줬기 때문이다.

G형 소통 달인, 즉 울림형 소통 달인들 역시 말 없이도 잘 통한다. 말 한마디 없이도 상대 마음에 울림이라는 긍정의 느낌표를 차곡차곡 쌓을 수 있기 때문이다.

그녀로부터 예스란 답을 듣고 싶다고? 상대로부터 상처 받지 않고 싶다고? 상사로부터 인정받고 신뢰받고 싶다고? 배우자, 자녀와의 관계에서 상처 받지 않고 싶다고? 고객과 트러블 없이 잘 통하고 싶다고?

방법은 간단하다. 상대 마음에 신뢰나 감동과 같은 울림을 주면된다. 울림이야말로 상대가 나(또는 나의 의견, 요구, 주장, 제안 등)를 받아들일 수밖에 없도록 만드는 최고의 솔루션이기 때문이다.

이 정도 되면 소통의 재발견이라 할 수 있지 않을까? 소통 달인의 유형이 T형, 즉 대화 잘하는 유형 외에 4가지나 더 있다니 말이다. 말 잘하는 것도 물론 마음 소통법 중 하나다. 그러나 끌림, 공감, 어울림, 울림을 주는 마음 소통법도 있다. 오색 마음 소통법인 셈이다.

그러므로 더 이상 말주변이 없다고 고민하지 마라. 굳이 T형, 즉 대화형 소통 달인이 되고자 고통 받지도 마라. A, S, R, G 유형 중 자신이 잘할 수 있는 것에 집중하는 것도 방법이다.

06
불멸의
소통 비밀

　잘 통하기 위해 필요한 것 중 하나가 소통의 수단이다. 현생 인류의 최초의 소통 수단은 보디랭귀지, 즉 신체 언어였다. 신체 언어는 말과 글로 진화했고 이후 편지와 전보, 전화가 등장했다.

　또한 과학 기술의 발달로 라디오, TV를 거쳐 인터넷, 이메일, 모바일 문자와 카톡, 밴드, 트위터 등의 SNS로 진화해 가고 있다. 이처럼 소통의 수단은 인류의 발전과 함께 끊임없이 진화해 왔다.

　그렇다면 상대와 막힘없이 잘 통함이란 소통의 본질도 진화했을까? 아니다. 25만 년 전이나 지금이나 같다. 이렇듯 오랜 기간 동안 변하지 않는 이유는 무얼까? 핵심 가치가 있기 때문이다.

　그 핵심 가치가 바로 현생 인류의 역사 25만 년 동안 이어져 온 불멸의 소통 비밀이다. 이렇게 말하면 대부분의 사람들은 다음과 같이 말한다.

"소통 잘하는 비결이라면 몰라도 그런 것들도 있나요? 도대체 그게 뭐죠?"

"역시 말 잘하는 것이겠죠. 그래서 말 한마디로 천 냥 빚 갚는다는 말이 있는 것 아닐까요?"

아예 한 술 더 뜨는 사람들도 있다.

"뭐니 뭐니 해도 경청이지 않을까요? 똑같은 말을 듣고서도 각자 해석이 다르잖아요. 잘 통하려면 역시 경청이 가장 중요하다고 생각합니다. 이런 관점에서 보면 불멸의 소통 비밀은 '경청'이란 한 단어로 압축할 수 있는 것 아닙니까?"

일리 있는 말들이다. 그러나 위와 같은 시각은 소통의 범위를 말과 글 중심의 단순한 의사소통 정도로 좁게 보는 관점이다. 막힘없이 잘 통함이란 관점에서 넓고 깊게 봐야 한다. 이렇게 본다면 인류 25만 년 동안 이어져 온 불멸의 소통 비밀은 다음과 같이 정의할 수 있다.

'상대 마음에 긍정의 잔고를 쌓는 것!'

이렇게 말하면 대부분의 사람들은 "애개? 겨우 그거야?"라는 반응을 보인다. 인류와 25만 년 동안이나 함께 해온 불멸의 소통 비밀이란 게 겨우 그거냐는 반응인 셈이다. 그러나 '상대 마음에 긍정의 잔고를 쌓는 것'은 영원불멸의 소통 비밀이다. 왜 그렇다는 걸까? 막힘없이 잘 통함이란 소통의 본질이 추구하는 핵심 가치이기 때문이다.

상대와 막힘없이 잘 통하는 수단으로 주로 활용되는 것이 말과 글, 그리고 행동이다. 내 입과 손을 떠난 말과 글은 상대의 몸과 머리, 그리고 마음속까지 들어간다. 얼굴 표정과 같은 신체 언어 역시 마찬가지다. 그렇다면 상대의 마음속으로 들어간 말, 글과 행동은 어떻게 될까? 긍정과 부정이라는 두 가지 형태의 잔고로 쌓이게 된다.

긍정의 잔고가 쌓이면 상대는 즐겁고 기쁘며 행복한 상태가 된다. 나를 떠난 말과 글, 행동으로 인한 긍정의 에너지가 상대의 마음속에 가득 차기 때문이다.

반면 부정의 잔고가 쌓이면 상대는 침체되거나 우울해진다. 못마땅하거나 기분이 나빠져서 화를 내게 만들기도 한다. 상처를 받고 그로 인한 스트레스로 아프기까지 한다.

당연히 긍정의 나(또는 나의 말이나 글. 행동 등)를 받아들이게 만들어야 한다. 이런 관점에서 본다면 소통은 '내가 상대를 받아들이는 기술'보다 '상대가 긍정의 나를 받아들이게 만드는 기술'이 훨씬 중요하다고 할 수 있다.

긍정의 나를 받아들이게 만들면 상대 마음에도 긍정의 잔고가 쌓이게 된다. 긍정의 에너지가 전염되기 때문이다. 그 상대가 상사든 동료든 부하 직원이든 배우자든 자녀든, 누가 됐든 마찬가지다.

그렇다면 긍정의 잔고를 쌓게 만드는 원천, 즉 불멸의 소통 비밀의 원천은 무얼까? 5가지다. 말 잘하는 것, 끌리는 것, 공감을 이끌어내는 것, 잘 어울리는 것, 울림을 주는 것을 말한다.

이 책에서는 5가지 원천 중 말 잘하는 것에 대해서는 2장과 3장에서 아주 일부분만 다룰 예정이다. 이미 수백여 권의 책들이 출간돼 있기 때문이다. 그 대신 많은 사람들이 간과하고 있는 불멸의 소통 비밀 원천 4가지, 즉 끌림, 공감, 어울림, 울림을 주는 마음 소통법에 대해 중점적으로 소개할 예정이다. 또한 내가 상대를 받아들이는 소통 기술에 대해서도 다루지 않을 예정이다. 상대적으로 내 마음에 상처를 많이 받을 수 있는 소통법이기 때문이다.

이제부터 오색 마음 소통법 중 상대 마음에 긍정의 잔고를 쌓아 나를 받아들이게 만드는 소통법 4가지에 대해 알아보자.

2장

마음 소통의 전령사,

끌림

미인
무죄 이야기

"유전무죄라는 말에 대해 어떻게 생각하십니까?"

라는 질문을 던지면 대부분 고개를 끄덕인다. 돈 있는 사람들은 아예 무죄 판결을 받거나 유죄 판결을 받더라도 특별 사면 등을 받아 풀려나더란 말을 하면서. 그럼,

"미국 사회에는 미인무죄라는 말이 있다는 것도 알고 계시나요?"

라는 질문을 던지면 주로 어떤 답들이 나올까? 잘 모르겠다는 답이 많은 편이다. 간혹 다음과 같은 농담을 던지는 이들도 있다.

"정말 예쁘기만 하면 어떤 죄를 지어도 용서받는다는 건가요?"

그렇다면 실제 미국 사회에서 미인무죄라는 말은 어떻게 받아들여지고 있을까? 우리 사회에서의 유전무죄란 말처럼 대부분의 미국인들이 고개를 끄덕인다.

왜 그런 걸까? 그 말에 일리가 있다고 고개를 끄덕이게 만든 연구 결과가 있어 그렇다. 배심원 제도를 연구하고 있는 미국의 한 형법학자가 다음과 같은 연구 결과를 발표한 이후부터다.

'같은 조건이라면 피고가 남자보다 여자일 때 무죄가 될 확률이 30% 더 높다. 같은 여자라도 미인일 때에는 그 확률이 2배로 더 높아진다.' 이 같은 설명을 듣고 난 일부 사람들은 그 같은 현상이 미국에만 있는 게 아니라고 거들고 나선다. 지인이 법원에 있는데 우리나라도 미국과 비슷하다더라는 말을 하면서.

전혀 근거가 없는 말은 아니다. 미국과 우리나라에만 있는 현상도 아니다. 미인 무죄 이야기는 인류의 흥망성쇠와 궤를 같이할 만큼 그 역사가 창연하기 때문이다. 타임머신을 타고서 고대 아테네로 날아가 보자.

배심원 앞에 선 프리네 이야기

배심원 앞의 프리네
장 레옹 제롬(Jean Leon Gerome), 1861년 作

〈 위 그림은 기원전 4세기경 아테네에서 열렸던 재판의 모습이다. 그림 속 나체의 주인공은 프리네란 여인이다. 그녀는 '헤타이리'란 직업여성이다. '헤타이리'가 되기 위해서는 뛰어난 미모와 탁월한 몸매가 뒷받침돼야 했다. 또한 술자리에서의 예법과 교양은 물론, 성 테크닉도 뛰어나야 했다. 조선 시대의 기개 있던 기생과 비슷하다고 보면 좋을 듯하다.

빼어난 미모와 몸매에다 예술적 소양까지 완벽하게 갖춘 그녀는 당대의 헤타이리들 중 으뜸이었다. 당시 최고 조각가들의 섭외 대상 0순위 모델일 정도로. 당연히 아테네 뭇 남성들의 인기가 높았다.

하지만 프리네는 기개 드높던 조선의 기생처럼 돈과 권력을 가진 남자라 해도 마음에 들지 않으면 절대로 합방하지 않는 성격의 소유자였다. 결국 그 성격이 화를 부르고 만다.

그녀에게 마음을 빼앗겼지만 그녀를 소유할 수 없었던 한 권력자가 누명을 씌웠다. 당시 인기가 높던 한 연극에 전라로 출연한 걸 물고 늘어졌다. 그는 신성 모독죄를 그녀에게 덮어씌웠다. 당시 신성 모독죄는 사형에 해당되는 중죄였다.

결국 프리네는 법정에 서게 되고 당대 최고의 웅변가였던 자신의 연인에게 변론을 맡긴다. 프리네의 재판은 어떻게 진행됐을까? 프리네의 연인은 배심원들과 어떻게 소통하려 했을까? 웅변가답게 뛰어난 논리와 화술로 배심원들을 설득하려 했을까?

아니다. "신에게 자신의 몸매를 빌려 줄 정도로 아름다운 그녀를 과연 인간이 죽일 수 있겠는가."라고 말했다. 그리고 나서 배심원들에게 위 그림처럼 그녀의 아름다운 몸매를 보여 줬다.

배심원들은 어떤 결정을 내렸을까? 그녀의 아름다운 몸매를 보고서 '신의 의지로 만들어 낸 완벽한 몸매이기 때문에 인간이 만든 법으로 그녀를 처벌할 수 없다.'는 판결을 내린다. 〉

배심원들이 무죄 판결을 내린 진짜 이유는 무엇이었을까? 프리네의 뛰어난 미모와 몸매에 끌리는 상태가 됐기 때문이다. '신의 의지 어쩌고저쩌고….'는 무죄 판결을 내리기 위한 구실에 불과할 따름이었던 것이다.

이처럼 미인무죄의 역사는 오래전으로 거슬러 올라간다. 막연히 그럴 것이라는 생각을 미국의 형법학자는 증명하기도 했다. 그렇다면 미남무죄란 말도 타당성이 있을까? 같은 조건이라면 잘생긴 남자들이 상대를 잘 설득할 수 있을까?

여자보단 효과가 덜하지만 남자도 충분히 약발이 먹힌다는 게 정설이다. 그런 의미에서 조선 미남 사례를 소개한다. 조선 500년 역사에도 길이 남을 미남들이 많았다고 한다.

그중에서도 숙종, 영조시대 노론의 영수라 불린 김춘택(金春澤·1670~1717)이 단연 첫 손가락에 꼽힌다. 그가 한창 때 대궐에 들어서면 궁녀들이 난리였다. 오늘날의 아이돌 가수 뺨칠 정도로.

그는 잘생긴 외모를 이용해 궁녀들을 자기편으로 만들었다. 전성기였던 숙종 시대에는 장희빈의 오빠 장희재의 본처를 자신의 여자로 만들어 정보를 빼내기도 했다.

'조선미남열전'과 같은 이야기를 하면 대부분의 사람들은 믿기지 않는다고 말한다. '남녀칠세부동석'이라 해서 남녀유별을 유난히 강조했던 조선시대에, 그것도 왕궁에서 그와 같은 일이 일어날 수 있었겠느냐면서.

한술 더 뜨는 이들도 있다. 만약 그런 일이 있었다면 조선 시대를 배경으로 하는 사극들이 왜 한 번도 다루지 않았겠느냐는 이들 말이다. 그러나 이는 엄연한 사실이다.

02

소통의 시작은 끌림,
호감 가는 사람이 되라

그럼에도 미인무죄 현상을 믿기 어렵다는 사람들이 제법 있다. 그들은 잘생긴 외모가 호의적 반응을 이끌어 낸다는 과학적 연구가 부족하지 않느냐고 말한다. 정말 그럴까? 그렇지 않다. 과학적 근거들이 많은 편이다. 로버트 치알디니와 같은 심리학자들이 호감을 주는 외모의 효과를 입증하기 위한 실험을 여러 차례 했다.

대표적인 게 가상의 '연극 공연'을 기획한 후에 티켓을 팔아 기금 모금 결과를 비교해 본 실험이다. 실험은 여자와 남자 그룹으로 나눠 진행했다. 먼저 여성 그룹의 실험 절차와 결과다.

한 집단은 예쁘고 키도 크며 날씬한 여성들로, 다른 집단은 평범한 여성들로 편성했다. 그런 다음, 사람들이 많이 다니는 터미널과 공항 대합실, 시내 번화가 등에서 티켓을 팔아 기금을 모금하도록 했다.

당연히 똑같은 시간 동안 똑같은 조건을 줬다. 친구나 친인척 등 연고 관계인에게 파는 것도 절대 못 하도록 했다. 과연 결과는 어떻게 나왔을까?

날씬하고 예쁜 여성 그룹이 더 많이 모금했다. 얼마나 더 했을까? 평균 2.4배 더 모금했다. 남성들의 경우는 어땠을까? 키 크고 잘생긴 남성 그룹이 평범한 남성 그룹에 비해 평균 2배 더 모금했다.

같은 조건임에도 왜 이 같은 차이가 나는 걸까? 잘생긴 외모가 상대의 마음에 호감을 줘 긍정의 잔고가 쌓이도록 만들기 때문이다.

이 같은 현상을 비즈니스 현장에 반영한 게 바로 훈남 마케팅이다. 여성 고객이 많이 몰리는 업종, 즉 레스토랑이나 카페, 떡볶이 프랜차이즈점 등이 좋은 예다.

외식업뿐만이 아니다. 제조업체에서도 훈남 마케팅을 활용해 성과를 거둔 사례가 있다. 애경이 2012년 5월부터 진행했던 '떴다, 리큐맨' 이벤트다.

애경은 고농축 세제인 '리큐 2배 진한 겔'을 출시했던 당시, 수도권 주요 대형마트 판매대에 훈남 판촉원을 투입했다. 그 결과, 이벤트 진행 기간 동안 매출을 3~4배나 향상시켰다. 훈남 판촉원을 투입해 이벤트를 진행한 매장에서는 경쟁사 판매 사원들이 판매를 포기할 정도였다. 이벤트 주목도와 소비자 참여도가 대단히 높게 나타났기 때문이다. 심리학자들의 연극 티켓 판매 기금 모금 실험 결과가 실전에서 입증된 사례라 할 수 있다.

이런 관점에서 본다면 연말연시에 볼 수 있는 구세군 자선냄비도 더 멋지고 예쁜 사람들이 많이 참여한다면 모금액이 늘어나지 않을까? 적십자 혈액원의 헌혈 캠페인도 마찬가지 아닐까? 백화점 화장품 매장에도 여성 판매원 대신 꽃미남 판매원을 투입하면 어떨까? 매출이 2배 정도 증가하지 않을까?

잘생긴 외모와 관련한 색다른 연구도 있다. 미국 텍사스대 대니얼 하머메시 교수의 연구 결과다. 그는 잘생긴 사람들이 그렇지 못한 사람들보다 평생 동안 약 23만 달러(약 2억 6,500만 원) 정도를 더 번다고 발표했다. 무슨 일을 하든 잘생긴 외모가 상대의 호감을 이끌어내기 때문이다.

그러나 우리가 간과하지 말아야 할 2가지가 있다. 하나는 잘생긴 외모가 주는 호의적 반응은 그 효과가 단기적일 수 있다는 것이다. 잘생겼지만 불친절하거나 화를 잘 내는 등의 방식으로 부정적 잔고를 계속 쌓는 경우는 오히려 역효과가 날 수 있다.

다른 하나는 '그렇다면 외모가 평범한 사람은 끌리는 사람이 되는 게 어렵다는 말인가?'라는 것이다. 절대 그렇지 않다. 외모는 상대의 호감을 얻는 시작점들 중 하나일 뿐이다. 잘생겼든, 그렇지 않든 지속적으로 끌리는 사람이 되는 게 중요한 것이다. 그런 사람이 되기 위해 가장 중요한 것은 무얼까? 다음과 같은 6가지가 있다.

〈끌리는 사람이 되기 위한 6가지〉

1. 첫인상

2. 잘 말하는 기술

3. 끝 인상

4. 리액션

5. 칭찬

6. 잘 웃기

자세한 내용은 다음 챕터에서 이어서 설명하려고 한다.

03

끌리는 사람이 되기 위한
6가지

(1) 첫인상

끌리는 사람, 즉 호감 가는 사람이 되기 위한 시작점이 바로 첫인 상이다. 중요한 건 한 번 형성된 첫인상은 좀처럼 바꾸기 힘들다는 것이다. 뇌의 정보처리 과정에서 초기 정보가 후기 정보보다 훨씬 중요하게 작용하기 때문이다. 심리학에서는 이를 '초두 효과Primary Effect'라 부른다.

실제 이를 입증하는 조사 결과도 있다. 취업 포털 사이트 잡 코리 아에 따르면 남성 직장인들의 62.7%는 첫인상이 향후 관계에서도 바뀌지 않고 계속 간다고 응답했다. 여성 직장인들은 44.6%였다.

그렇다면 첫인상은 어떻게 형성되는 것일까? 첫눈에 들어오는 생 김새나 복장, 표정이나 말투 등 극히 제한된 정보로 형성된다. 주목

할 사실은 생김새, 즉 잘생긴 외모가 가장 중요한 요소가 아니라는 것이다.

잡 코리아의 다음과 같은 조사 결과가 이를 입증하고 있다(2012년 10월 남녀 직장인 822명을 대상으로 조사, 중복 응답).

〈첫인상을 결정하는 요인〉

1. 얼굴 표정(응답자의 74.5%)

2. 외모의 준수함(49%)

3. 옷차림새(40%)

4. 말투와 자주 사용하는 용어(32.1%)

5. 체격, 체형(24.5%)

얼굴 표정이 압도적으로 중요하다고 나왔다. 외모의 준수함은 옷차림새, 즉 복장을 단정하게 하는 것과도 얼마 차이가 나지 않는다. 끌리는 첫인상을 주는 데 있어 외모는 생각보다 영향력이 작다는 것을 증명하는 조사 결과다.

첫인상은 상대의 마음속에 긍정의 잔고가 쌓이도록 만드는 시작점이다. 그렇다면 첫인상을 바꾸는 건 불가능한 걸까? 아니다. 쉽지는 않지만 그렇다고 불가능한 것도 아니다. 앞서 언급했듯이 여성 직장인들은 55.4%가 관계가 지속되면서 첫인상이 바뀐다고 응답했다. 남성 직장인들의 37.4%에 비해 유연한 편이다.

누구나 어떤 상대와 소통할 때 무슨 말로도 통하지 않는 경험을 한다. 당신이 말을 잘 못해서일까? 상대가 고집불통이어서일까? 아니다. 설득력이, 협상력이 부족해서가 아니다. 그 이전의 문제일 가능성이 높다. 당신의 첫인상에 대한 부정적인 잔고가 상대의 마음속에 쌓여 있기 때문일 확률이 높은 것이다. 그러므로 첫인상이 잘못 각인돼 있다면 이를 바꾸기 위한 노력을 지속적으로 해야 한다. 항상 밝은 표정과 단정한 복장, 따뜻하고 정감 어린 말투, 긍정적인 태도 등을 보여 줘야 한다.

　그런 행동들이 쌓이면 볼수록 괜찮은 사람이란 인식을 심어줄 수 있다. 상대 마음에 쌓여 있던 부정의 잔고가 점차 긍정의 잔고로 대체될 것이기 때문이다.

　앞서 소개했던 A공기업 직원인 소신남 대리를 예로 들어 보자. 그는 말주변이 없어 고민하고 있다. 열심히 노력하는데도 나아지지 않고 있어 스트레스 받고 있다. 소 대리와 같은 사람들을 위한 처방전이 끌리는 사람이 되는 것이다.

　어떻게 하면 될까? 가장 먼저 첫인상을 좋게 하는 게 필요하다. 타고난 외모와 신체 조건은 불변의 변수다. 그러므로 얼굴 표정을 밝게 하는 것이 중요하다. 다음과 같은 3가지를 실천하면 된다.

〈얼굴 표정을 밝게 하는 법 3가지〉

1. 상대를 만날 때마다 먼저 웃으며 인사할 것
2. 무표정, 무뚝뚝한 표정 대신 밝은 표정을 지을 것

3. 상대와 같이하는 시간 동안 10회 이상 웃을 것

위 3가지는 우리나라 사람들, 특히 남성들이 가장 잘 안 되는 행동이다. 물론, 30여 년 넘게 살아오면서 굳혀진 습관이라서 고치는 게 쉽지는 않다. 그래도 방법은 습관이 되게 만드는 것뿐이다.

어떻게 하면 좋을까? 집에서 거울을 보면서라도 밝은 표정을 짓고 웃는 연습부터 해야 한다. 오늘은 어제보다 조금이라도 더 밝은 표정을 만들겠다는 목표를 가지고서 말이다. 그런 행동을 3개월 정도 반복하면 습관이 되게 만들 수 있다.

(2) 잘 말하는 기술

말 잘하고 대화를 잘 이끄는 것도 끌리는 사람이 되기 위한 중요한 요소다. 듣기 좋은 데다 공감 또한 이끌어 내기 때문에 상대가 나를 받아들이게 만드는 데도 유용한 방법이라 할 수 있다.

말 잘하는 이들을 보통 대화의 달인, 또는 설득의 달인이라 부른다. 그렇다면 말 잘하는 모든 사람은 소통의 달인일까? 아니다. 말만 청산유수처럼 잘하는 사람이 있기 때문이다. 그런 사람은 왠지 믿음이 가지 않는다. '말은 잘하네….'라든지 심하면 사기꾼일지 모른다는 생각도 들게 만든다.

소통의 달인은 잘 말하는 사람이다. 상황에 맞게 꼭 필요한 말을 설득력 있게 하는 사람이다. 말을 적게 하더라도 꼭 필요한 말을 하기 때문에 상대가 자신을 신뢰하게 만든다.

1장에서 언급했듯이 이 책에서는 말 잘하는 법, 아니 잘 말하는 법에 대해서는 다루지 않는다. 다만, 상대방의 호감을 살 수 있는 대화법 10가지만 소개한다.

〈상대방의 호감을 살 수 있는 대화법 10가지〉

1. 말할 때는 열정을 담아 온몸으로 표현하라

2. 상대의 말을 경청하라

3. 정감 어린 목소리로 상황에 따라 목소리 톤에 변화를 줘라

4. 대화 시작 전이나 대화를 하는 중에 상대를 칭찬하라

5. 상대방 성향별 맞춤형 대화를 하라

6. 상대가 맞장구치도록 만들어라

7. 대화가 끊겼을 때 속담, 격언, 금언, 유머 등을 적절히 활용하라

8. 알기 쉽게 설명하고 반론은 최대한 짧게 하라

9. 어떤 경우라도 상대방의 말을 부정하지 마라

10. 상대의 말을 자르거나 너무 아는 척하지 마라

(3) 끝 인상

첫인상 못지않게 끝 인상도 중요하다. 마지막 부분에서 받은 인상으로 판단을 내리는 사람들이 많기 때문이다. 이 같은 현상을 '피

크 엔드' 효과라 말한다. 피크 엔드 효과는 한마디로 '마지막이 좋으면 모든 게 다 좋다.'는 것이다.

영화가 대표적이다. 마지막 장면이 그 영화 전체에 대한 인상으로 대체되곤 한다. 영화배우 폴 뉴먼은 영화 〈내일을 향해 쏴라〉에서 죽음을 향해 돌진하던 마지막 장면으로 팬들의 가슴에 영원히 남았다.

스티브 맥퀸과 더스틴 호프만이 주연한 영화 〈빠삐용〉도 마지막 장면이 압권이다. 인생을 체념하며 얼마 남지 않은 여생을 외딴 섬에서 보내려는 더스틴 호프만! 그러나 감옥에서 탈출을 시도하다 붙잡혀 두 번이나 독방형을 선고 받은 스티브 맥퀸은 탈출을 포기하지 않는다.

스티브 맥퀸은 백발에다 이도 몽땅 빠진 몰골로 고문 끝에 다친 다리를 절룩거리면서도 매일 절벽에 오른다. 야자열매를 바다로 던져 해류의 흐름을 연구하기 위해서다. 마침내 수십 미터의 절벽에서 야자열매를 담은 포대와 함께 바다로 뛰어내린다. 스티브 맥퀸은 해류를 타고 멀리 수평선 너머로 차차 멀어져 가고, 그의 유일한 동료였던 더스틴 호프만은 이를 물끄러미 지켜보다가 쓸쓸히 발길을 돌린다.

이 마지막 장면이 사람들에게 두고두고 회자될 정도로 깊은 인상을 남겼다. 그래서 영화감독들은 마지막 장면을 만드는 데 영화 첫 장면과 클라이맥스를 만드는 것 못지않게 노력을 기울인다.

마지막 장면의 위력이 이렇게 큰 것은 '심리적 잔존 효과' 때문이다.

심리적 잔존 효과란 가장 최근의 것만 기억하려는 심리를 말한다.

이 같은 심리는 드라마의 결말을 바뀌게 만들기도 한다. 작가가 애초에 계획했던 결말 대신 자신들이 기억하고 싶은 결말을 원하는 사람들이 SNS 등을 통해 압력을 행사하기 때문이다.

마지막은 이처럼 힘이 세다. 사람에 대한 인상도 결국엔 마지막에 판가름 난다. 초두 효과에 의해 형성된 첫인상이 쉽게 바뀌지 않는 것도 사실이지만 끝 인상은 그보다 훨씬 더 강력하다.

첫인상이 좋았으나 뒤끝이 안 좋은 사람은 훨씬 더 안 좋게 기억된다. 직장에서도 마찬가지다. 끝마무리가 좋지 않으면 그 인상이 퇴직 후는 물론, 죽을 때까지 따라다닌다. 그럼에도 대부분의 사람들은 상대방과 헤어질 때 부정적인 끝 인상을 남기는 편이다.

'내가 이 사람을 언제 다시 보겠어?'라고 생각하면서 그동안 섭섭했던 일을 꺼내기도 하고, 상대에게 정신적·물질적 피해를 주는 언행을 하기도 한다. 그러나 사람 일은 신만이 알 뿐, 그 누구도 모른다. 돌고 돌아서 그 상대를 언제, 어떤 상황에서 다시 만날지 모르는 일이다. 만나지 못하더라도 그 상대가 당신에 대해 좋지 않은 평판을 하고 다닐 수도 있다. 그러므로 첫인상 못지않게 신경 써야 할 것이 바로 끝 인상이다. '그 친구, 참 괜찮은 사람이었어.'라는 이미지가 상대의 마음속에 긍정의 잔고로 쌓이도록 만들어야 한다는 얘기다.

첫인상은 이미 지나간 과거이기 때문에 내 노력으로 더 이상 어쩔 수 없다. 하지만 끝 인상은 다르다. 아직 끝나지 않았기 때문에 얼마든지 바꿀 수 있다.

상사와 부하직원 간에도, 동료 간에도, 고객과의 관계에서도 마찬가지다. 어떤 경우든 먼 훗날, 퇴직 후 40~50년 후까지도 좋은 평판으로 기억되도록 만들어야 한다.

어떻게 하면 끝 인상을 좋게 할 수 있을까? 어디서, 누구와 무슨 일을 하다 헤어지더라도 초심을 잃지 말아야 한다. 그동안의 배려에 감사했다는 마음을 전하는 것도 방법이다. 감사하다는 말만 전하지 말고 이메일이나 문자로도 꼭 남겨라. 정성을 담은 작은 선물을 하는 것도 방법이다.

04

리액션의
달인이 되는 법

긍정의 나를 받아들이게 만드는 기술 중 하나가 리액션이다. 상대의 말이나 글, 표정, 제스처 등에 반응하는 것을 말한다. 리액션을 잘하는 사람은 말주변이 없어도 호의를 갖도록 만들 수 있다. 상대와 만날 때마다 긍정의 잔고가 차곡차곡 쌓이도록 만들 수 있기 때문이다.

그러므로 말주변이 없는 사람은 말 잘하기 위해 노력하는 대신 리액션의 달인이 되기 위해 노력하는 것도 방법이다. 노성비(노력 대비 성과)를 높일 수 있기 때문이다. 리액션을 잘하는 기술은 다음과 같은 5가지다.

〈리액션의 기술 5가지〉

1. 맞장구

2. 질문

3. 제스처

4. 경청

5. 긍정, 찬성

(1) 맞장구

소통 잘하는 사람들의 공통점 중 하나가 말대꾸를 하지 않는다는 것이다. 대신 고개를 끄덕이면서 맞장구를 친다.

'맞장구를 잘 치는 것!'

너무나 쉬울 것 같지만 실제 대화 시에는 그게 잘 안 된다. 왜 그럴까? 습관이 안 돼 있기 때문이다.

1장에서 소개했던 나화성 과장의 아들과 같은 청소년뿐 아니라 성인들 중에도 그런 이들이 많다. 성인들이야 맞장구 잘 치는 사람이 되기 위해 스스로 노력해야 한다. 하지만 청소년의 경우는 다르다. 말대꾸하는 습관을 없애고 맞장구치는 대화 습관을 갖도록 가르쳐야 한다. 방법은 2가지다.

첫 번째 방법은 주변에서 물리적인 충격을 주는 것이다. 대표적인 예가 남성들이 군대 가면 겪는 소통 방식이다. 군대에서 훈련 받을 때 조교나 교관에게 말대꾸하면 손해다.

교관이나 조교는 훈련 목적을 달성하기 위해 합리적인 지시나 명령을 내린다. 그런데 훈련병이 나화성 과장 아들처럼 사사건건 말대꾸를 하면 어떻게 될까? 대부분의 경우, 대답 대신 얼차려로 되돌아온다. 왜 그런 걸까? 말대꾸하는 습관을 방치하면 상명하복의 위계질서가 무너지기 때문이다.

상명하복이란 군의 소통 문화가 전근대적인 것은 결코 아니다. 군의 생명이다. 군은 유사시 전투를 벌여야 한다. "돌격 앞으로!"란 명령을 내렸는데, "내가 왜 돌격해야죠?"라고 말대꾸하면서 명령을 따르지 않으면 어떻게 되겠는가.

그렇다고 입을 닫으라는 얘기는 아니다. 궁금한 사항이 있으면 질문을 하면 된다. 질문을 하면 자세한 답변을 들을 수 있다. 어쨌든 몇 차례 말대꾸했다가 얼차려나 체벌을 받게 되면 말대꾸하는 습관이 바뀌게 된다.

나화성 과장의 아들 역시 마찬가지다. 말대꾸할 때마다 사랑의 매를 들어 종아리를 치는 식의 물리적 충격을 가하면 고칠 수 있다. 그러나 물리적 충격의 방법은 대부분 그 효과가 한시적이라는 문제가 있다. 나화성 과장 아들이 고2~3 정도로 훌쩍 성장해 버리면 잘 먹히지 않는다.

두 번째 방법은 말대꾸 대신 맞장구 잘 치는 사람이 되도록 코칭 해야 한다는 것이다. 가장 손쉬운 방법이 고개를 끄덕이면서 '네~~', '그렇구나~', '대단하시네요~'와 같은 멘트를 날리는 시범을 보이는 것이다. 그런 다음, 맞장구칠 때마다 칭찬을 해주면 효과적이다.

3F 화법을 활용하는 것도 방법이다. 3F란 Feel, Felt, Found를 말한다. 상대가 한 말에 대해 '~~느끼다, ~~느꼈다, ~~깨달았다.'란 말을 적절하게 활용하는 것을 말한다.

나화성 과장과 아들의 예를 들어 보자. 아들이 한 말에 대해 단순하게 '그렇구나~'라는 말 대신 '그렇게 느낀다니 고맙구나~', '나도 그렇게 느꼈다~', '방금 네 말 듣고서 엄마도 깨달았다~'는 식으로 맞장구치는 것이 훨씬 효과적이다.

상대가 누가 됐든 '내 말에 공감하는구나⋯.'라는 생각을 갖게 만들 수 있기 때문이다. 이렇듯 맞장구만 잘 쳐도 상대가 당신에 대해 점점 더 끌리는 상태로 만들 수 있다.

(2) 질문

'질문이 왜 리액션의 하나라는 거지?'라는 생각을 갖는 이들이 있다. 그러나 질문 역시 리액션의 기술 중 하나다. 상대의 말이나 글에 질문을 던지는 것 자체가 관심을 갖고 있다는 증표이기 때문에 경청보다 더 적극적인 리액션 방법이라 할 수 있는 것이다.

질문 하나로 평사원으로 입사해 CEO가 된 사람이 있다. 영진약품 박수준 사장이다.

〈 박 사장은 첫 직장인 화이자에서 신입사원 때부터 6년간 영업왕 자리를 놓친 적이 없었다. 그 비결은 '말하는 영업'이 아니라 '묻고 듣는 영업'에 있다.

대부분의 제약사 영업인들은 고객인 의사에게 자사 제품이 좋다고 열심히 설명한다. 그러나 박수준 영업사원은 달랐다. 정반대로 제품에 대해 질문을 던지고 의사의 설명에 귀를 기울였다. 다음과 같은 식으로.

"원장님, 회사에서 이 제품에 대해 배웠는데 잘 이해가 안 가더라고요. 좀 알기 쉽게 가르쳐 주십시오."

물론 박 영업사원이 몰라서 그런 건 결코 아니었다. 가르치는 걸 좋아하는 의사들의 심리를 간파한 전략이었기 때문이다. 수십 명이 넘는 영업사원들이 쏟아내는 제품 설명에 지친 의사들에게 그의 이런 접근은 적중했다.

박 영업사원은 이후, 직장인으로 승승장구했다. 한국MSD·베링거 인겔하임 등을 거쳐 한국산도스 제약 대표이사를 역임하고 2016년부터 영진약품 대표이사를 맡고 있다. 〉

질문의 유형은 2가지가 있다. 흔히 말하는 개방형 질문이나 폐쇄형 질문을 말하는 게 아니다. 상대에게 어느 정도 관심을 갖고 있느냐를 기준으로 나누는 것을 말한다. 하나는 상대의 말이나 글, 또는 행동을 보고 나서 궁금한 점을 묻는 것이다. 다음과 같은 식이다.

"이 부분이 잘 이해가 안 됩니다, 팀장님!"

"왜 그렇게 말씀하셨는지 잘 이해가 안 되는데요?"

다른 하나는 상대의 관심 사항을 미리 파악해 질문을 던지는 것이다. 1장에서 소개했던 소신남 대리의 예를 들어 보자. 소개팅에 나갈 때 상대 여성의 관심 사항이나 취미 등을 파악해 미리 질문할 리스트를 만드는 게 좋다.

소개팅 상대 여성이 뮤지컬에 관심이 많다고 하자. 뮤지컬 관련 질문 리스트를 10개 정도 준비해서 적절한 타이밍에 날리면 효과적이다. 다음과 같은 식으로.

소신남 대리: 혹시 뮤지컬 좋아하시나요?

소개팅 여성: 네, 좋아해요.

소신남 대리: 저도 가끔씩 뮤지컬을 보곤 합니다. 캣츠란 뮤지컬
　　　　　　　이 인상 깊었습니다.

소개팅 여성: 아, 그래요. 좋은 뮤지컬이죠.

소신남 대리: 어떤 뮤지컬이 기억에 남던가요?

소개팅 여성: 저요? 음, 미스 사이공도 좋고요. 레미제라블도 좋
　　　　　　　고 아가씨와 건달들도요. 좋은 뮤지컬 많아요.

이 정도 되면 소개팅 여성은 뮤지컬을 주제로 신나게 이야기를 해 나갈 것이다. 소신남 대리는 맞장구쳐 주고 가끔씩 질문을 던져 주기만 하면 된다. 물론 빠트리지 말아야 할 한 가지가 더 있다. 바

로 소개팅 여성이 뮤지컬에 대해 신이 나서 말할 때 그 안목을 칭찬해야 한다는 것이다. 이렇게 하면 상대 소개팅 여성으로부터 퇴짜 맞을 확률을 대폭 낮출 수 있다. 소개팅 여성의 마음속에 '이 남자는 대화가 좀 되네.'와 같은 긍정의 잔고가 수북이 쌓였을 것이기 때문이다.

상대가 누가 됐든 관계없다. 상대를 만났을 때 상황을 봐서 질문을 던지면 된다. 그래도 만남의 초기에 질문을 던지는 게 효과적이다. 본론에 들어가기 전에 상대 마음에 긍정의 잔고를 쌓는 것이 나(나의 말이나 글, 의견, 제안 등)를 받아들이게 만들 확률을 높이는 방법이기 때문이다.

(3) 제스처

리액션의 달인이 되는 법 세 번째가 제스처, 즉 신체 언어다. 왜 그런 걸까? '나는 당신에게 호의를 갖고 있다. 당신(들)과 나(또는 우리)는 같은 편이자 동지이다.'라는 걸 은연중에 나타내는 신체 언어이기 때문이다.

아프리카 부족들의 예를 들어 보자. 옛날 옛적에 그들은 사냥을 나가기 전 춤을 추는 의식을 했다. 중요한 건 사냥에 나가는 모든 전사들뿐 아니라 여성과 어린이들까지 함께 춘다는 것이다. 이것이 무엇을 의미하는 걸까? 친구이자 동지이면서 생명을 함께 나누는 사이라는 것이다.

이 같은 관점에서 보면 제스처야말로 신이 내린 최고의 커뮤니케이션 수단이다. 언어가 달라도, 그 누구와도, 아니 애완견과 같은 동물과도 통할 수 있는 수단이기 때문이다.

언어가 발달하고 산업화와 정보화가 이루어지면서 그와 같은 신체 언어가 많이 사라졌다. 하지만 아직도 인간에게는 친구, 동지를 암시하는 제스처, 즉 신체 언어가 많이 남아 있다.

대표적인 게 고개를 끄덕이는 것과 대화할 때 상대방과 눈을 마주치는 아이콘택트다. '그 밖에 또 무엇이 있을까?'라고 고민하지 마라. 가장 훌륭한 신체 언어는 상대를 따라 하는 것이다. 상대가 대화 도중 창밖을 내다보면 당신도 따라 하는 게 좋다. 팔짱을 끼거나 다리를 꼴 때도 따라 하는 것이 효과적이다.

그렇다면 하품을 하는 것도 따라 하면 좋을까? 이는 그다지 효과적이지 못하다. 상대에게 '내 말이 많이 지루한가 보군.'이란 부정의 잔고가 쌓일 가능성이 높기 때문이다. 물론, 상대가 나에게 위협을 주는 것 같은 제스처도 절대 따라 해선 안 된다.

현대판
카사노바의 비결

상대의 말을 잘 경청하는 것도 리액션의 유용한 방법이다. 물론 경청을 잘해야 한다는 말은 귀가 아프도록 들었을 것이다. 그러나 경청을 잘하는 것 역시 쉽지 않다. 상대의 말이 끝날 때까지 기다리는 참을성이 부족하기 때문일까? 상대의 말을 자르고 끼어들어서는 안 된다는 것을 배우지 못했기 때문일까? 대화의 습관이 그렇게 길들여져서일까?

맞는 말들이다. 한 가지 더 든다면 듣는 것보다 말하기를 주로 배웠다는 것도 이유다. 어쨌든 경청은 상대가 긍정의 나를 받아들이게 만드는 아주 유용한 리액션의 기술이다. 다음의 현대판 카사노바가 이를 증명해 주는 사례다.

현대판 카사노바의 비결

〈 수십 명의 여성을 농락한 죄로 현대판 카사노바가 경찰서에 붙잡혀 왔다. 그러나 카사노바라 하기에는 외모도 신체 조건도 학벌도 재력도 별 볼 일 없는 사람이었다. 심지어는 평균에도 못 미치는 수준이라서 보통 남자들에게 위안을 줄 정도였다. 이렇게 볼품없는 그에게 의구심이 생긴 형사가 궁금하다는 듯 질문을 던졌다.

"도대체 당신은 무슨 수로 여자들을 유혹한 거지? 얼굴이 잘생기지도, 체격이 건장한 것도 아니잖아. 그래서 돈 많은 재벌 3세로 행세하며 결혼하자고 사기 친 거 맞지?"

형사의 이 같은 질문에 현대판 카사노바는 강하게 부인했다. 그러자 형사가 다시 질문을 던졌다.

"그럼 외국의 명문대 출신이라고 사기 쳤구나? 그렇지 않고서야 여성들이 당신 말에 그렇게 쉽게 넘어갈 리가 없잖아. 무슨 특별한 비결이라도 있다면 모를까."

형사의 질문에 그는 덤덤하게 말했다.

"형사님, 전 절대로 사기 치지 않았습니다. 특별한 비결 같은 것도 없고요."

"그래도 당신만의 비결이 있을 것 같은데. 그렇지 않고서야 그 많은 여성들이 당신을 받아들였다는 게 난 이해가 되지 않는단 말이야. 그럼 혹시 밤일을 잘하나?"

형사가 정말 궁금하다는 듯이 이렇게 말하자 그가 머리를 긁적이면서 말했다.

"형사님, 정말 그런 거 없다니까요. 제게 비결이 있다면 딱 한 가지입니다. 그건 바로 여자들의 말을 끝까지 들어주고 필요할 때마다 적절하게 동의해 줬다는 것입니다."

그러자 형사가 그 정도는 자기도 다 알고 있다며 하품을 하면서 말했다.

"그 정도는 상식이잖아. 실전에서는 그게 잘 안 돼서 그렇지."

그러자 현대판 카사노바가 다시 말했다.

"저도 처음엔 많이 실패했습니다. 상대 여성의 말을 경청하다가도 지루하면 형사님처럼 하품을 하고 그랬거든요. 그러다 방법을 찾았습니다. 상대방 여성의 말이 재미없고 지루하다는 생각이 들 때면 제 마음속으로 애국가를 부르면서 끝까지 들어줬습니다. 심한 경우에는 속으로 애국가 4절까지를 스무 번도 넘게 부른 적도 있었

습니다."〉

경청을 잘하면 상대의 마음에 긍정의 잔고를 쌓는 것을 넘어 나를 받아들이게 만들 수 있다는 교훈을 주는 이야기다. 정말 실전에서도 잘 통할까? 결론은 '그렇다'이다. 중요한 건 남녀 간뿐 아니라 동성 간, 특히 지위가 높은 사람과의 대화 시에도 잘 통한다는 것이다.

물론 현대판 카사노바가 경청을 잘한 사례는 아니다. 그렇다면 어떻게 들어야 잘 경청하는 것일까? 2가지 방법이 있다.

하나는 적극적 경청이다. 상대가 던지는 단어 하나하나의 뜻뿐만 아니라 그 단어가 담고 있는 내면의 의미까지 이해하면서 듣는 방법을 말한다.

다른 하나는 공감적 경청이다. 상대의 말 중의 핵심 내용을 반복함으로써 당신이 상대방의 말을 잘 듣고 있음을 보여 주는 경청법이다. 상대의 말을 단순 반복하는 데 그치지 않고 들은 내용을 자신의 말로 요약해 말하면 더 효과적이다. 상대방이 자신의 말을 잘 경청하고 있다는 생각을 갖게 만들 수 있기 때문이다.

경청을 잘하는 사람이 되려면 다음과 같은 5가지를 실천하는 것도 방법이다.

〈경청을 잘하는 법 5가지〉

1. 상대의 말에 고개를 끄덕인다. 이때 상대와 눈을 맞추는 것이 중요하다.

2. 의자를 바짝 끌어당기거나 자세를 고쳐 앉으며 상대의 말에 관심을 표현한다.

3. 상대의 말이 지루하더라도 하품이나 졸린 눈을 해서는 안 된다.

4. 적당한 단어를 못 찾거나 방금 전에 한 말을 기억하지 못하는 경우, 말꼬리를 연결시켜 주는 기지도 필요하다.

5. 8020 법칙을 지켜라. 상대가 말하는 시간을 80, 내가 말하는 시간은 20으로 한다.

06

긍정의
힘

상대가 누가 됐든, 대화하다 얼굴을 붉히며 목소리를 높이거나 말다툼을 하게 되는 경우가 있다. 그 원인의 대부분은 상대의 말을 부정하는 데서 비롯된다. 그러므로 상대와 다투지 않으려면 아니, 마음의 문을 열고 긍정의 잔고를 쌓으려면 상대의 말을 긍정하고 자주 찬성을 표하는 것이 중요하다. 이렇게 말하면 반론을 제기하는 사람들이 꼭 있다.

"잘 알겠습니다. 공감이 가는 부분도 있고요. 하지만 상대의 말이 틀렸거나 터무니없는 주장이나 요구를 하는 경우는 문제가 있지 않나요? 나중에 뒷감당이 안 될 거라 이 말입니다."

일리 있는 말이다. 상대의 말이 무조건 맞다고 긍정하고 나면 나중에 문제의 소지가 될 가능성이 높기 때문이다. 그러나 크게 문제

되지 않게 마무리 지을 수 있다.

왜 그런지 생각해 보자. 긍정, 찬성이라는 말과 확정이라는 말의 의미를 비교해 보자. 긍정, 찬성은 말 그대로 상대의 주장이나 요구를 일단 긍정하고 찬성한다는 뜻이다. 확정 짓는다는 뜻이 아니란 얘기다. 그런데 대부분의 사람들은 상대의 말에 찬성하는 것은 물론, 긍정하는 것을 꺼린다. 상대의 말이 틀렸다고 생각되거나 무리한 요구라 판단되면 그 자리에서 부정하거나 거절해 버린다.

이 같은 리액션으로는 소통이 잘될 리가 없다. 리액션 잘하는 사람은 상대가 무슨 말을 하든, 어떤 요구를 하든 일단 긍정한다. 그러면서 다음과 같이 말한다.

'잘 알겠습니다.', '일리 있는 말씀이네요.', '노력해 보겠습니다.'

이와 같은 긍정의 리액션 달인이 바로 신한은행의 공윤석 전 부행장이다. 공 전 부행장은 고객이 어떤 요구를 해도 "그건 좀 어렵겠는데요."란 말을 하지 않는다. 그 대신 위와 같은 말을 한다. 다음은 그의 ㈜조흥은행 지점장 시절의 사례다.

긍정의 달인 이야기

〈 공 지점장은 자신의 고객이 어떤 요구를 해도 절대 거절하지 않는다. 업무 관계 관련된 제안이나 요구 사항은 물론, 개인적인 부탁까지도. 때로는 너무 무리한 요구를 하고 있다고 생각되더라도 마찬가지다.

접점에서 고객을 만나는 사람들 대부분이 공 지점장처럼 고객의 무리한 제안이나 요구를 듣게 된다. 이때, 성격이 괄괄한 사람은 다음과 같이 곧바로 부정해 버린다.

"에이, 부장님 그건 너무 무리입니다."

좀 신중한 사람은 이렇게 말한다. "예, 부장님, 잘 알았습니다. 노력해 보겠습니다."라는 식으로. 바로 부정하지 않고서 일단 긍정은 한다. 그러나 후자와 같은 사람도 대답만 그렇게 할 뿐, 대부분 자신의 선에서 묵살하는 경우가 많다. 너무 무리한 요구라 도저히 해결할 수 없다고 판단하기 때문이다.

그러나 공 지점장은 달랐다. 고객이 어떤 요구나 부탁을 해도 일단 긍정의 리액션을 한다. 그런 다음, 노력해 보겠노라고 말한다. 그러면서 지점으로 돌아오는 길에 곰곰이 생각한다. '이 고객이 왜 이렇게 무리한 요구를 했을까?'라고. 그리고 역지사지, 즉 고객의 입장에서 다시 생각해 본다. 그러면 고객이 왜 자신에게 그런 부탁을 했는지 이해가 된다고 한다.

고객의 입장을 이해했으니, 이젠 고객의 제안이나 요구를 해결해 주면 된다. 공 지점장은 정말 혼신의 노력을 기울여 고객이 원하는 솔루션을 주기 위해 노력한다. 이렇게 노력하다 보면 대부분의 제안이나 요구를 해결해 줄 수 있었다. 심지어는 개인적인 부탁마저도.

물론, 도저히 해결이 안 되는 건들도 가끔씩 있다. 하지만 그간의 경과를 설명하면 고객도 그리 불쾌하게 생각하지 않는다. 어려운 요구임에도 해결하기 위해 혼신의 노력을 다했다는 것을 알기 때문이다.

이같이 공 지점장은 고객이 어떤 제안이나 요구, 부탁을 해도 부정하지 않고 긍정의 답변을 한다. 그런 다음, 해결해 주기 위해 노력한다. 그러다 보니, 공 지점장은 언제부턴가 고객들로부터 '해결사'로 불리게 됐다.

해결사란 명성은 고객들 사이에 자연스럽게 전파되기 시작했다. 당연히 고객들은 다른 은행 지점장들에게 부탁하기 까다로운 제안이나 요구사항이 있으면 공 지점장을 찾게 되었다. 〉

고객이 어떤 제안이나 요구를 해도 일단 긍정한 다음, 그 솔루션을 찾기 위해 노력했다는 사례다. 고객들은 그런 공 지점장을 더 많이 찾을 수밖에 없다. 당연히 성과 또한 좋아서 지점장 시절에는 항상 최고의 실적을 올렸다. 신한은행으로 합병된 뒤에는 부행장까지 승진할 수 있었다. 이게 바로 긍정의 힘이다.

긍정보다 더 적극적인 리액션의 방법이 찬성이다. '동감입니다.', '동의합니다.', '적극 찬성입니다.' 등의 표현을 하게 되면 상대 마음에 호감이란 긍정의 잔고가 차곡차곡 쌓이기 때문이다.

상대가 어떤 사람이라도 관계없다. 상대의 말에 찬성이라는 리액선을 많이 발사하면 할수록 그를 호의적인 상태로 만들 수 있다.

　'마음으로 하는 대화, 즉 마음의 문을 여는 기술!' 어려운 것 같지만 알고 보면 이처럼 쉬운 일도 없는 셈이다.

07

웬만한 칭찬보다
적당한 아부가 더 낫다

끌리는 사람이 되기 위한 파워풀한 방법 중 하나가 칭찬을 잘하는 것이다. 칭찬을 잘하면 두 가지 효과가 나타난다.

하나는 성공의 자양분이 된다는 거다. 아들을 일본 부자 순위 1, 2위를 다투게 만든 손삼헌 씨가 대표적인 사례다. 생선 장사부터 술 장사까지 안 해본 게 없을 정도였던 손 씨는 아들 손정의를 볼 때마다 칭찬 멘트를 날렸다. 다음과 같은 식이다.

"넌 최고야. 반드시 위대한 인물이 될 거야. 너를 볼 때마다 난 네가 천재일지도 모른다는 생각이 든다."

이 같은 아버지의 칭찬에 손정의는 마법에 걸린 듯 자신은 천재이고 대단한 인물이 될 것이란 믿음을 가졌다. 이처럼 칭찬의 위력은 대단하다. 아버지로부터 천재라는 말을 들은 손정의는 정말 천재적인 사업가가 되었으니 말이다.

다른 하나는 상대 마음에 긍정의 잔고를 쌓을 수 있다는 것이다. 재벌 그룹의 회장이나 대기업 CEO들 역시 칭찬해 주면 그렇게 좋아한다. 그들의 부인들은 더 효과적이다.

백화점의 퍼스널 쇼퍼들에 의하면 재벌 그룹 회장 부인과 같은 사모님들에게 '패션 감각이 탁월하다.', '피부가 정말 곱다.'는 식으로 칭찬해 주면 대부분 어린애처럼 좋아한다고 한다. 칭찬은 고래도 춤추게 한다는 말이 결코 틀린 말이 아닌 셈이다.

이 같은 현상이 시사하는 바는 뭘까? 칭찬은 남녀노소, 지위 고하를 막론하고 그들 마음에 긍정의 잔고를 쌓을 수 있는 최고의 명약이란 사실이다.

동물들 역시 마찬가지다. 미국 하버드 대학의 스키너 교수는 연구를 통해, 동물도 격려와 자극을 받은 후에는 행동을 변화시킨다고 발표했다. 대뇌 피질의 흥분센터에서 기운을 내게 하는 시스템이 작동하기 때문이다. 그럼에도 다음과 같은 편견을 가진 사람들이 많다.

'칭찬은 손윗사람이 아랫사람에게, 지위가 높은 사람이 낮은 사람에게 하는 것 아니냐. 내가 만나는 사람들, 특히 팀장님이나 본부장님과 같이 지위가 높고 나이도 많은 분들한테 칭찬한다는 게 영 그렇더라. 이런 관점에서 보면 칭찬을 모든 상대가 나를 받아들이게

만드는, 마음의 문을 여는 기술이라 하기에는 좀 그렇지 않나.'

　이런 생각을 갖는 것이 어쩌면 당연하다고 생각된다. 많은 사람들이 칭찬이란 주로 부모가 자녀에게, 선생님이 학생에게, 상사가 부하에게 하는 것으로 알고 있기 때문이다. 그러나 반드시 그래야만 하는 것은 아니다.

　칭찬의 정의가 '좋은 점이나 착하고 훌륭한 일을 높이 평가함. 또는 그런 말'이기 때문이다.

　지위가 높은 사람, 나이 많은 사람들만의 전유물이 아니란 얘기다. 부하 직원이 상사의 훌륭한 점이나 탁월한 성과를 올린 것에 대해 그렇다고 말해 주는 것 역시 칭찬이다. 지위고하와 남녀노소의 구분 없이 어떤 사람에게라도 칭찬할 수 있다. 상대에 대한 존중의 표시이며 신뢰와 정감을 전달해주는 데 있어 아주 유용한 수단이기 때문이다.

　그러니 상대방을 칭찬하는 것에 인색하지 마라. 아니, 칭찬의 달인이 되라. 돈 한 푼 안 들이고 상대가 나(나의 말, 글 또는 의견이나 제안 등)를 받아들이게 만들 수 있는 아주 유용한 수단임을 기억하라.

　그렇다면 칭찬의 달인이 되려면 어떻게 해야 할까? 우선 남을 칭찬하는 습관부터 길러야 한다. 부하 직원을 칭찬하는 건 몰라도 그래도 팀장 등 상사를 칭찬하는 것은 어색하다고? 그럼 먼저 가정에서부터 실천해 보는 것도 방법이다. 부모와 삼촌, 이모 등을 하루에 세 번씩 칭찬하라. 아침 식사 메뉴가 달라지고 그들이 당신을 대하는 태도도 달라질 것이다. 그런 다음, 직장에서 실천해 보라.

"팀장님, 오늘 헤어스타일이 너무 멋져요."
"본부장님은 통찰력이 정말 뛰어나세요."
"사장님은 피부가 정말 고우세요."
와 같은 식으로.

속이 니글니글 거린다고? 물론 처음엔 얼굴도 화끈거리고 속도 니글거릴 것이다. 주변의 따가운 시선을 의식하기 때문이다. 그래도 무조건 하루에 세 번 이상 칭찬하라. 이렇게 세 달만 해봐라. 당신의 이름 대신 '칭찬의 달인'이란 닉네임으로 불릴 수도 있다.

영업하는 사람들은 고객을 대상으로 칭찬하기를 실천하라. 고객을 만날 때마다 칭찬거리 3가지씩을 준비하라. 그런 다음, 반드시 발사하라. 처음엔 어색해하는 고객들도 많겠지만 개의치 마라.
칭찬이 습관화된 다음에 해야 할 일은 당신만의 칭찬 레퍼토리를 준비하는 것이다. 칭찬을 자주 하다 보면 칭찬할 거리가 금세 소진돼 버리기 때문이다. 그러므로 칭찬 노트를 만들어 상대별로 칭찬할 거리가 떠오르면 메모해 두는 게 필요하다. 사람별로 최소한 10개 이상을 만드는 것이 좋다. 이것이 증가하는 것에 비례해 당신에 대한 긍정의 잔고도 차곡히 쌓여 갈 것이다. 다음과 같이 칭찬의 기술을 질적으로 업그레이드 시키는 것도 중요하다.

〈칭찬의 기술 5가지〉

1. 칭찬할 거리가 있으면 즉시 해라

2. 당사자한테만 하지 말고 되도록이면 많은 사람 앞에서 하라

3. 결과보다는 과정을 칭찬하라

4. 당사자보다 관계인을 칭찬하라

5. 있는 사실보다 재능이나 안목을 칭찬하라

1~3항은 굳이 설명하지 않아도 될 것이다. 4항~5항은 이렇게 하라는 것이다. "팀장님, 넥타이가 잘 어울리세요."보다는 "팀장님, 넥타이 고르는 안목이 뛰어나세요."라거나 "팀장님, 넥타이는 주로 누가 고르세요? 사모님이요? 역시 사모님 안목이 대단하시네요."와 같은 식으로.

칭찬 못지않게 아부를 잘하는 것도 중요하다. 아부 또한 상대 마음에 긍정의 잔고를 쌓는 유용한 재료이기 때문이다. 그러나 대부분의 사람들이 '아부' 하면 부정적인 이미지를 떠올린다. 물론 아부의 달인 수준까지 가면 그렇다. 그러나 적당한 수준의 아부는 긍정적 효과를 낳는다. 오히려 웬만한 칭찬보다 효과가 더 나은 경우가 많다.

왜 그렇다는 것인지 칭찬과 아부의 정의부터 비교해 보자. 칭찬은 말 그대로 상대의 좋은 점, 멋진 모습, 잘한 일 등을 있는 그대로 존중해 주고 높이 평가해 주는 것을 말한다. 예를 들면 실제 나이보다 10년은 젊어 보이는 상대에게 "본부장님, 10년도 더 젊어 보이십

니다. 비결이 있으시면 한 수 가르쳐 주십시오."와 같이 말하는 것을 말한다.

아부는 어떨까? 실제로는 그렇지 않은데 상대의 기분을 좋게 만들기 위해 던지는 멘트를 말한다. 그다지 뛰어나거나 훌륭하지 않지만 그렇다고 말하는 것이 아부다. 아부에 대한 부정적 이미지가 너무 강해서 그렇지 다른 의미로 보면 덕담 정도로 정의 내릴 수 있다.

그렇다면 '아부를 하면 정말 상대방을 기분 좋게 만들 수 있을까?' 답은 '물론 그렇다.'이다. 역대 왕들로부터 어떤 신하가 총애를 받았는지 생각해 보면 고개가 끄덕여질 것이다.

생각해 보자. 아부 잘하는 신하와 입바른 충언을 잘하는 신하 중 어느 쪽이 왕의 총애를 많이 받았을까? 이 같은 질문을 던지면 초등학생들도 아부 잘하는 신하라 대답한다.

그렇다면 아부가 왜 상대의 호감을 얻는 데 효과가 있는 걸까? 2가지 이유가 있다. 하나는 '저 친구가 내 비위를 맞추려고 아부를 하고 있구먼.'이란 생각을 하면서도 그 말이 싫지가 않기 때문이다.

다른 하나는 기대치가 낮거나 아예 기대를 하지 않았던 터라 효과가 높을 수밖에 없다. 칭찬은 인정해 주고 높게 평가해 준대도 그 효과가 반감될 확률이 높다. 좋은 점이나 잘한 점을 자신도 이미 알고 있기 때문이다. 의식하든 의식하지 않든 기대치가 높아져 있는 상태에서는 효과가 반감된다는 것이다. 하지만 아부는 다르다. 전혀 의식하지도 기대하지도 못한 상태이기 때문이다. 그래서 적당한 아부가 웬만한 칭찬보다 낫다는 말이 있는 것이다.

'너무 속 보이지 않을까.', '동료들로부터 아부맨이나 손금무 씨로 불리지 않을까.'와 같은 생각도 기우이다. 독이 될 정도의 아부를 하라는 게 아니기 때문이다. 덕담 수준의 아부를 하라는 것이다. 결코 아부의 달인이 되라는 게 아니란 사실을 명심하기 바란다.

이제부터 만나는 상대별로 칭찬할 거리, 아부할 거리를 메모해 둬라. 상황에 따라 유용하게 활용할 수 있을 것이다.

08

웃는다고
언제나 끌리는 건 아니다

웃으면 복이 온다는 말이 있다. 그렇다면 무슨 복이 온다는 말일까? 세 가지 복을 의미한다. 첫째는 건강, 둘째는 소통, 세 번째는 행복이다.

웃음과 건강의 상관관계에 대한 연구 결과는 무수히 많다. 그 중 대표적인 게 하루 15초만 웃어도 수명을 2일이나 연장시킬 수 있고, 45초를 웃으면 어떤 스트레스라도 이길 수 있다는 것이다.

일본에서 진행된 웃음의 운동 효과에 대한 연구 결과도 있다. 3분 동안 전력 질주하면 18kcal가 소모되는데, 3분 동안 웃으면 11kcal가 소모됐다. 미소를 띠는 수준이 아니라 박장대소하면 온몸 근육이 최대한 많이 사용돼 전신운동 효과를 준다고 한다.

일본의 마쓰모토 미쓰마사란 의사는 웃음이 인체의 저항력을 높여 줄 뿐 아니라 면역 이상을 개선하는 데도 효과적이라는 연구 결과를 발표했다. 그는 암 환자 19명에게 세 시간 동안 희극을 보며 마음껏 웃게 한 후, 그 전후의 암세포를 직접 공격하는 자연 살해 세포(Natural Killer, NK세포)의 활성도를 관찰했다.

실험 결과 암 환자 모두에게서 NK 세포의 활성도가 상승했다. 이후의 연구에서는 단 5분만 웃어도 NK 세포가 활성화된다는 연구 결과를 발표하기도 했다.

미국 캔자스대학교 연구팀이 입 모양을 변화시켜 웃는 모습을 만드는 실험 결과도 있다. 스트레스를 받게 하는 과제를 수행하게 한 뒤, 심장 박동 수와 스트레스 회복 속도를 측정했다.

입을 중간 정도만 벌린 상태로 웃은 실험 참가자들과 크게 벌리고 웃는 참가자들의 결과가 달랐다. 웃는 입 모양을 크게 만든 참가자들이 스트레스를 덜 받았다. 그들 그룹 참가자들은 중간 정도의 입 모양을 만든 사람들보다 심장 박동 수가 현저하게 감소했고, 스트레스 회복 속도도 훨씬 빠른 것으로 나타났다.

웃음은 소통과 관련한 복도 가져다준다. 첫인상 부분에서 언급했듯이 상대에게 끌리는 사람, 호감 가는 사람이란 이미지를 얻는 데 유용하게 작용하기 때문이다. 이를 입증하기 위한 연구 결과들 또한 많다.

먼저 티드와 록카드라는 심리학자의 실험 결과다. 레스토랑에서 환한 미소를 띠며 서빙을 하는 종업원들이 그렇지 못한 종업원들보다 3배나 많은 팁을 받았다.

미국 펜실베이니아대 연구팀도 비슷한 결과를 발표했다. 서비스 업종에 종사하는 종업원 중 잘 웃는 사람들이 고객에게 긍정적인 인상을 주는 것으로 나타났다. 친절한 인상이 더 호감이 가도록 만들기 때문이다.

게겐과 피셔 로쿠라는 심리학자는 히치하이킹 할 때의 성공 확률을 실험했다. 히치하이커가 무표정한 표정으로 차를 태워달라고 했을 때는 8.3%의 운전자가 차를 세웠다. 반면, 밝은 미소를 띠며 차를 태워달라고 할 때는 태워주는 비율이 14%였다.

이렇듯 웃느냐 그렇지 않느냐에 따라 결과가 거의 두세 배씩 차이가 난다. 왜 이렇게 상이한 결과가 나타나는 걸까. 웃는 것이 긍정적인 인상을 줘 상대 마음에 호감이란 긍정의 잔고를 쌓게 해주기 때문이다. 고객이든 차량 운전자가 됐든 관계없이 나를 받아들이게 만들 확률을 높일 수 있다는 말이다.

일반 직장이나 가정에서도 마찬가지다. 잘 웃는 사람이 상사나 직장 동료, 배우자나 가족들과 소통을 잘할 수밖에 없다. 상대로부터 긍정적인 반응을 이끌어 낼 수 있기 때문이다. 그뿐만이 아니다. 직장에서 잘 웃는 사람은 매사에 자신감이 넘치고 더 프로페셔널하게 일처리를 하는 사람이란 이미지를 구축할 수 있다.

웃는 것이 상대 마음에 긍정의 잔고가 쌓이도록 만드는 것 말고 다른 효과도 있다. 얼굴 표정을 밝게 만드는 효과다. 조금 전에 첫인상을 좋게 만드는 중요도 설문 결과 1위가 얼굴 표정이라고 했다.

그런데 얼굴 표정을 밝게 만드는 가장 손쉬운 방법이 웃는 것이다. 기분을 좋게 하기 때문이다. 기분 좋은 감정은 뇌에서 나오는데 이러한 감정이 얼굴 표정을 밝게 만드는 근육을 강화시킨다. 무표정하거나 화가 난 것 같은 얼굴 근육을 밝게 변형시키기도 한다. 그래서 웃는 낯에 침 못 뱉는다는 말이 있는 것이리라.

웃음이 소통을 원활하게 하는 이유가 한 가지 더 있다. 전염성이 있다는 것이다. 이렇게 말하면 "하품이 전염된다는 말은 들어 봤지만 웃음이 전염된다는 말은 처음 듣는다. 이와 관련한 근거가 있나요?"라는 질문을 던지는 이들이 있다.

물론 있다. 모든 인간의 뇌 속에는 '거울 뉴런'이란 신경 세포가 존재한다. '거울 뉴런'이란 명칭은 이 세포가 다른 사람의 행동을 보고 모방해 거울처럼 반영한다고 해서 붙여졌다.

신경 과학자인 마르코 이아코보니에 의하면 이 신경 세포는 어떤 행동을 다른 사람이 하는 것을 목격할 때 특히 활성화된다. 그래서 누가 웃거나 하품하면 이 거울 뉴런 세포가 작동해서 따라 웃거나 하품을 하는 것이다.

웃든 울든 자신의 행동을 따라 하는 당신을 보면서 상대방은 자신의 마음에 긍정의 잔고를 쌓기 시작한다. 그러니 회의를 시작하기 전, 상품에 대한 제안을 하기 전, 협상을 하기 전, 대화를 하기 전에 반드시 웃고 시작하라. 물론 많이 웃을수록 좋다.

웃는 것의 효과 중에 돈이 안 든다는 것도 있다. 그런 의미에서

'웃음의 효과 10가지'를 상기해 보자.

〈웃음의 효과 10가지〉

1. 아무런 대가를 치르지 않고서도 많은 것을 이루어낸다.

2. 받는 사람의 마음을 풍족하게 해주지만, 주는 사람의 마음을 가난하게 만들지는 않는다.

3. 번개처럼 짧은 순간에 일어나지만, 그 기억은 영원히 남기도 한다.

4. 웃음 없이 살아갈 수 있을 만큼 부자도 없고, 그 혜택을 누리지 못할 만큼 가난한 사람도 없다.

5. 가정에서 행복을 꽃피게 한다.

6. 직장에서 호의를 베풀게 하며, 친구 사이에는 우정의 징표가 된다.

7. 지친 사람에게는 안식이며, 낙담한 사람에게는 격려이고, 슬픈 사람에게는 희망의 빛이다.

8. 세상 어려움을 풀어주는 자연의 묘약이다.

9. 돈으로 살 수도 구경할 수도 없으며, 빌리거나 훔칠 수도 없다.

10. 대가 없이 줄 때만 빛을 발한다.

– 데일 카네기 –

정말 묘약이 따로 있는 게 아니다. SK 브랜드 관리실의 2008년 조사에 의하면 우리 한국인은 하루 평균 10회 웃고 한 번 웃을 때 약 8.6초 동안 웃는다. 100명 중에 2명은 하루에 한 번도 웃지 않는다. 이처럼 한국인은 잘 웃지 않는 편이다. 이제부터 정말 많이 웃는 사람으로 진화하기 바란다.

첫인상을 좋게 만드는 타고난 용모는 어쩔 수 없는 경우가 많다. 또한 상대에 호감을 주는 복장을 하기 위해서는 어느 정도의 돈이 들어간다. 건강을 관리하기 위해서도 돈이 들어간다.

그러나 웃는 것은 전혀 돈이 들지 않는다. 그럼에도 당신을 건강하게 만들고 얼굴 표정을 밝게 만들어 끌리는 사람으로 만들어 준다. 또한 주변 사람들과의 관계를 좋게 만들어 누구와도 잘 통할 수 있게 만들어 준다. 성공의 길로 인도해 주기도 한다.

실제 이를 입증하는 연구 결과도 있다. 카네기 공대에서 졸업생들 중 성공한 사람들의 성공 요인에 대한 실험을 한 적이 있었다.

이 실험에서 재능이 있고 머리가 똑똑한 사람의 성공 확률은 15%인 데 반해, 인간관계가 좋은 사람의 성공 확률은 85%로 나왔다. 그렇다면 인간관계가 좋은 사람들의 100% 공통점은 무엇이었을까? 아주 잘 웃는다는 것이다.

이처럼 잘 웃는 사람은 보다 건강해지고 소통을 잘할 수 있는 것은 물론, 무슨 일을 하든 성공 확률을 높일 수 있다. 웃음이 곧 행복 비타민인 셈이다.

그러나 웃는 것이 어떤 경우에도 만병통치약은 아니다. 오히려 역효과가 날 수도 있다. 웃는 것 자체가 중요한 게 아니라 잘 웃는 것이 중요하다는 얘기다.

잘 웃기 위해 중요한 것 첫 번째가 타이밍이다. 시도 때도 없이 웃는 사람은 실없는 사람, 가벼운 사람이란 평가를 받을 수 있다. 상식적인 얘기지만 상대가 슬픔에 젖어 있거나 잔뜩 화가 난 상태에서도 웃으면 안 된다.

잘 웃기 위한 두 번째는 언제나 밝게 웃어야 한다는 것이다. 웃음의 종류에도 여러 가지가 있다. 냉소로 불리는 비웃음이나 코웃음부터 썩소, 슬소, 느소, 음소 등이다. 썩소는 썩은 미소, 슬소는 슬픈 미소, 느소는 기름기가 잘잘 흐르는 느끼한 미소, 음소는 음흉한 미소를 말한다.

밝소, 즉 밝게 웃는 게 답이다. 밝은 미소는 입꼬리가 올라가고 윗니 8개가 보여야 하며 자연스럽게 눈웃음과 조화를 이룬 웃음을 말한다.

잘 웃기 위한 세 번째는 밝게 웃는 습관이 몸에 배게 하는 것이다. 이제부터는 잘 웃어라. 그러나 생각만 해서는 결코 잘 웃는 사람이 될 수 없다. 잘 웃는 행동을 한두 번 실행한다고 될 수 있는 것도 아니다. 잘 웃는 습관이 몸에 배도록 만들어야 한다.

어떻게 하면 잘 웃는 습관이 몸에 배도록 만들 수 있을까? 하루에 10번 이상 웃겠다는 것과 같은 목표를 세우는 것이 중요하다.

잘 웃을 수 있는 환경을 만드는 것 역시 중요하다. 사무실 책상 앞이나 집 안방에 밝게 웃고 있는 자신의 사진을 걸어 놓고 수시로 바라보며 따라 하는 것도 방법이다.

웃는 연습을 하는 것도 중요하다. 출근 전, 거울을 보고 웃는 연습을 하거나 팀이나 부서 회의 시 몇 차례씩 웃고 시작하자는 룰을 만드는 것도 방법이다.

먼저 웃는 것도 습관이 되게 만드는 유용한 방법이다. 아침에 일어나자마자 배우자를 보고 먼저 웃어라. 엘리베이터에서 만난 이웃에게도 역시 먼저 웃어라. 사무실 출근해서 경비 아저씨나 부서원이 인사하기 전에 먼저 웃는 것도 방법이다. 이렇게 만나는 사람마다 먼저 웃다 보면 하루에 10번이 아니라 그 몇 배도 더 웃을 수 있다.

프롤로그에서 언급했던 것처럼 심리학자 찰드니에 의하면 인간은 자신이 호의를 갖지 않은 사람의 요청에는 응하지 않는다. 인간은 누구나 자신의 마음에 호감이란 긍정의 잔고가 바닥이면 절대 마음의 문을 열지 않는다는 말이다. 당신의 말이 아무리 수려해도, 당신의 글이나 보고서, 제안서가 제아무리 뛰어나더라도 결과는 마찬가지다.

소통의 시작점인 끌림이 상대 마음의 문을 여는 첫 번째 소통 기술이자 마음 소통의 전령사인 이유다. 이제부터 부디 끌리는 사람으로 진화하기 바란다.

3장

마음의
문을 여는
비밀번호,

공감

01

비 내리던 날,
아내로부터 온 문자 메시지

끌리는 상태가 됐다고 상대 마음의 문이 활짝 열리는 건 아니다. 마음의 문을 열어 줄 수도 있다는 신호 정도일 가능성이 높다. 앞으로 하는 것 봐서 마음의 문을 열 수 있는 비밀번호를 알려 주겠노라는 상태가 대부분이다.

그 비밀번호가 뭘까? 바로 공감이다. 그런데 직장 내에서는 말할 것도 없고 부부간, 부모 자식 간에도 그 비밀번호를 모르는 경우가 대부분이다. 자신의 배우자와 소통을 잘한다고 자부하는 사람 중에도 그런 이들이 많다. 다음의 사례처럼.

비 내리던 날, 아내로부터 온 문자 메시지

"오늘 베란다에서 뛰어내리려다 참았어…."

2015년 여름의 비 내리던 어느 날, A은행 공감재(가명, 56세) 본부장의 핸드폰에 그의 아내로부터 온 문자 메시지다. 공 본부장은 문자를 보고 소스라치게 놀라 바로 은행을 뛰쳐나왔다. 집으로 차를 몰고 가는 동안 머릿속에서 만감이 교차했다. 아내의 태도가 도무지 이해가 되지 않았기 때문이다.

'도대체 왜 그런 생각을 했을까? 뭐가 문제일까?'

공 본부장은 자신보다 3살 아래의 수학 교사였던 아내와 결혼해 아들과 딸 하나를 두고 있다. 아들은 회사원이고, 딸은 약대에 다니고 있다. 자녀들은 속 한 번 썩이지 않고 잘 자라줬다. 자신이 외도를 한 것도 도박에 빠진 것도 아니었다. 그렇다고 술·담배를 심하게 하는 것도, 골프나 낚시 등 취미생활에 푹 빠져 아내와 자녀들을 등한시하는 것도 아니었다.

평일에는 바쁜 일이 많아서 가족들과 시간을 보내지 못했다. 하지만 주말에는 온 가족이 영화나 연극을 보거나, 스포츠 관람을 하고 나서 외식도 하곤 했다. 그뿐만이 아니었다. 일이 일찍 끝나면 아내와 집 근처에서 산책을 하곤 했다. 산책한 후 막걸리를 마시면서 이런저런 얘기를 주고받기도 했다. 이전과 달라진 것이 있다면 부부생활의 빈도와 열기가 전보다 못하다는 것뿐이었다. 이처럼 공 본부장은 아내와의 소통에도 전혀 문제가 없다고 생각하고 있었다.

경제적으로도 큰 문제가 없다. 그동안 열심히 저축하고 재테크도 알뜰하게 해서 50평대 아파트에 살고 있다. 노후 준비도 은행원답게 나름대로 잘 해나가고 있다고 자부하고 있다.

1년 전에는 월세가 300만 원씩 들어오는 조그만 건물도 샀고, 자녀들 결혼할 때 아파트 전세 얻어줄 정도의 돈을 모으기 위해 저축도 하고 있다. 국민연금 외에 두 부부 명의로 개인연금도 매달 붓고 있다. 이렇게 자신은 가장과 남편, 아빠로서의 본분 역시 충분히 다하고 있다고 자부했었다. 그런데 아내로부터 충격적인 문자 메시지를 받은 것이다.

'병원에서 불치병이라도 선고받았나?'
'말 못 할 고민거리라도 생겼나?'
'갱년기라서 그런 걸까?'
'나한테 무슨 불만이라도 있는 걸까?'

이렇게 별의별 생각을 하면서 집으로 차를 몰았다. 아내는 아이들 육아 문제로 결혼 6년 만에 교직을 그만뒀다. 성당에 나가고 있지만 사람들과 적극적으로 어울리지는 않는 편이다. 내성적인 성격 탓이 크다.

가끔씩 딸아이나 공 본부장 자신과 영화나 연극 보는 정도 외에 별다른 취미도 없다. 자신이 알고 있는 문제라면 아내가 가끔씩 가벼운 우울증 증세를 보인다는 것이었다.

'그동안 아내에게 너무 무심했나?'

이런 생각이 들자, 갑자기 2주 전 아내와 했던 대화가 불쑥 떠올랐다.

"정민 아빠, 이번 주말에 아버님 산소에 잠깐 다녀오고 싶어."
"그래? 잠깐이 아니라 며칠이라도 다녀와."

장인어른이 돌아가신 지 딱 2개월 만의 일이었다. 곰곰이 생각해보니 아내가 상처 받은 건 아무래도 이 건 같았다. 장인어른의 산소는 경주에 있다. 너무 바빠서 평일에는 시간 내기가 불가능하고 주말도 일정이 다 잡혀 있었다. 도저히 같이 갈 수가 없어서 그렇게 말했었다.

그러고 보니 아내는 자신과 같이 가고 싶었던 모양이었다. 그런데 무관심한 표정으로 마치 남 얘기하듯 말하는 자신을 보며 우울증이 심해지게 된 도화선이 됐지 않았나 싶었다.

장인어른은 여든 다섯 번째 생일을 지내고 난 뒤 두 달 만에 돌아가셨다. 장모님이 5년 전에 먼저 가신 후로는 경주 인근의 바닷가 마을에서 혼자서 지내셨다. 서울에 사는 처남이 여러 차례 모시겠다고 했지만 한사코 고개를 저으셨다. 공 본부장 자신이 모시겠다고 해도 마찬가지였다.

혼자 사는 아버님이 영 마음에 걸렸는지, 큰딸로서의 본분을 다하지 못한다는 생각이 들어서였는지 아내는 아버님에게 안부 전화를 자주 했다.

빈도가 점점 잦아지더니 1년 전부터는 매일 전화를 했다. 통화 시간도 갈수록 길어져 30분을 넘어 1시간을 넘기는 날도 있었다. 물론 한 달에 한 번 꼴로 경주에 내려가 밑반찬도 해놓고 빨래도 하고 올라오곤 했다.

이런저런 생각을 하는 사이 공 본부장의 차는 어느새 아파트 주차장으로 진입하고 있었다.

"정민 엄마, 이번 주말에 나랑 데이트 좀 해야겠다. 이번 주말 스케줄 조정하고 왔어."

아내는 말없이 무덤덤한 표정으로 빤히 쳐다보고만 있었다.

"이번 주말에 장인, 장모님 계신 곳에 같이 가자고. 가서 장인어른 좋아하시던 술도 한잔 올리고, 또 두 분께서 생전에 즐겨 부르시던 '낭만에 대하여'도 불러드리고 오자."

그제서야 아내의 표정이 밝아지나 싶더니 두 볼을 타고서 뜨거운 눈물이 흘러내렸다.

02

진정한 소통은
없다

남들이 보면 부러울 것 하나 없어 보이는 공 본부장의 아내는 왜 비 내리는 날, 그런 충격적인 문자 메시지를 보냈을까? 자신의 아버지를 잃었다는 슬픔에다 우울증이 겹쳤기 때문일까?

맞는 말이다. 그러나 그건 일부에 지나지 않는다. 보다 더 근본적인 원인이 있다. 그녀는 이미 그 이전부터 상당수의 중년 여성들이 겪는다는 빈 둥지 증후군(자녀 육아와 교육, 남편 뒷바라지에 전념하던 중년 주부들이 나중에 자녀들이 성장해 자신의 곁을 떠나게 되는 시기에 느끼는 허전한 심리 상태를 말함)을 앓고 있었다.

남편과 자녀들 뒷바라지하느라 자신의 꿈이었던 교직을 내던졌는데, 자신의 삶을 그렇게 희생했는데, 가족들은 그 맘을 몰라주고 자기들 위주로만 사는 현실에 상실감을 느끼고 있었다. 자신은 집 지키는 강아지와 다를 바 없다는 생각을 하면서.

이런 상태에서 아버지를 떠나보내고 나자 상실감은 증폭될 수밖에 없었다. 어머니의 빈자리까지 더해져 하늘이 무너지는 것 같은 슬픔을 겪었다. 이런 상실감과 우울증이 겹쳐 여러 날을 힘들게 보냈다.

그러다 남편에게 산소에 다녀오고 싶다고 말했던 것이다. 그런데 남편이 마치 남 얘기하듯이 반응하자, '나를 진정으로 위해 주는 사람은 이제 아무도 없구나.'라는 생각을 하며 마음의 상처를 입은 것이다.

공 본부장 부부의 사례가 시사하는 바는 크다. 같이 산책하고 막걸리를 마시면서 대화를 나누는 사이라고 해서 소통 잘하는 부부는 결코 아니라는 것이다.

남편이 집에서 설거지나 청소를 해준다고 아내를 진정으로 배려

하는 것은 아니다. 소통 역시 마찬가지다. 진정한 소통은 배우자와 그저 의사를 주고받는 것이 아니다. 배우자를 잘 이해시키고 설득하는 것도 아니다. 마음과 마음이 통하는 것이다.

그러므로 배우자와 진정으로 소통하려면 말 한마디를 해도 공감이 가는 말, 공감을 이끌어낼 수 있는 행동을 보여주는 게 중요하다. 이 모든 게 다 배우자의 마음속에 공감이란 긍정의 잔고로 쌓이기 때문이다.

그렇다면 현실은 어떨까? 대부분의 남편들은 공 본부장처럼 지극히 현실적이고 사무적인 언행으로 일관하는 편이다. 여기서 반드시 기억해야 할 게 있다. 어느 한 사람의 마음의 문이 열리지 않은 상태에서의 소통은 핸드폰 문자로만 대화하는 부부와 크게 다를 게 없다는 것이다. 그저 자신들의 의사를 주고받는 것에 불과할 것이기 때문이다.

직장에서도 마찬가지다. 상사든, 동료든, 부하 직원이 됐든 진정으로 소통하려면 서로 마음의 문이 열린 상태가 돼야 한다.

물론 "진정한 소통은 없다."는 말을 하는 사람들도 있다. 소통을 잘하기 위한 언행이 결국 상대로부터 무언가를 얻어내려는 목적 때문이라면서. 거의 모든 인간은 어떤 목적을 이루기 위해 의도된, 연출된, 또는 조작된 표정을 짓고 말하며 행동을 한다고 말한다.

공 본부장 역시 마찬가지다. 자신은 아내, 자녀들과 진정한 소통을 하고 있다고 생각하지만 이는 착각이다. 가족과 주말에 영화 보고 외식을 한 것도, 아내와 산책하며 막걸리를 마신 것도 의도된 언행이었다. 본인이 의식했든 의식하지 못했든, 가장과 남편으로서의 본분을 잘하고 있다는 평가를 의식한 연출된 소통 방식이었다고 볼 수 있는 것이다.

그렇다면 진정한 소통을 하려면 어떻게 해야 할까? 그 어떤 대가를 바라서도 안 된다. 예수나 부처, 공자, 테레사 수녀와 같은 성인들처럼. 그들만이 진정한 소통을 했다고 할 수 있다. 상대가 누가 됐든 사랑이나 종교적 신념과 같은 가르침을 무한으로 나눈 성인들이기 때문이다.

이 같은 기준으로 본다면 보통 사람들은 진정한 소통을 하기 어렵다. 의식하든 의식하지 않든, 크든 작든 상대에게 어떤 대가를 기대하기 때문이다.

대안은 뭘까? 최대한 진정한 소통에 근접한 소통을 하는 것이다. 진정한 소통에 근접할수록 상대 마음에 공감이란 긍정의 잔고를 가득 쌓을 수 있기 때문이다.

03

연봉 5억 받는 남편으로
인정받는 법

그렇다면 공감이란 긍정의 잔고를 잘 쌓는 사람이 되려면 어떻게 해야 할까? 여러 가지 방법이 있다. 그 중 하나가 '공경사', '따말사'가 되는 것이다. '공경사'란 상대방의 말에 공감적 경청을 잘하는 사람, '따말사'란 따뜻한 말을 자주 건네는 사람을 말한다.

앞서 '비 내리던 날' 사례를 소개했으므로 아내의 공감을 잘 이끌어 내는 '공경남(공감 경청을 잘하는 남편)'이 되기 위한 예를 들어 보자.

남편들은 자기 아내의 말을 액면 그대로 받아들여서는 안 된다. 공감적 경청을 해야 한다는 뜻이다. 아내들은 대부분 직접 화법을 사용하지 않는다.

예를 들어 보자. 아내들이 집에서 족발이 먹고 싶을 때 어떻게 말할까? 물론, 족발이 먹고 싶다고 직접 말하는 아내들도 있다. 그러나 대부분은 다음과 같이 말한다.

"자기야, 오늘 보니까 우리 동네에도 족발집이 생겼더라."

남편들은 어떻게 대답할까? 다음과 같이 말하는 편이다.

"그래? 난 못 봤는데. 어디에 생겼어? 장사가 잘될지 모르겠네."

물론 "난 족발 싫어해!"라며 정나미가 뚝뚝 떨어지게 말하는 남편들도 많다. 돈이 좀 지출이 돼야 할 경우, 아내들은 더 완곡한 간접화법을 구사한다. 다음과 같은 식이다.
외출하려다 신발장을 열고 나서 이렇게 말한다.

"신을 만한 구두가 없네…."

보톡스 주사를 맞고 싶을 때도 절대로 맞고 싶다고 말하지 않는 편이다.

"은서 아빠, 나 요즘 피부가 푸석푸석해진 것 같지 않아?"

와 같은 식으로 말한다. 이럴 때 남편이,

"당신 구두가 도대체 몇 켤렌데 신을 게 없다는 거야? 신발장에 있는 거 전부 당신 구두잖아…."라거나, "아냐, 피부가 뽀송뽀송하고 윤기가 도는데? 20년 전 처녀 때 피부 그대로야."라는 식으로 말하면 정말 센스 없는 남편이라는 소릴 들어야 한다. 대부분의 남편들은 위의 사례들처럼 전혀 공감이 가지 않는 대답을 한다. 때로는 마음에 상처를 주기도 한다.

왜 그런 걸까? 신문이나 TV를 보느라 아내가 진정으로 원하는 것을 공감하면서 경청하지 않기 때문일까?

일리 있는 말이다. 하지만 더 근본적인 이유가 있다. 아내의 마음에 공감이라는 긍정의 잔고를 쌓아야 한다는 필요 자체를 모른다는 것이다.

그러면서도 자기는 소통 잘하는 남편이라고 착각한다. 공 본부장과 같은 남편들이 차고 넘친다 해도 틀린 말이 아닌 셈이다. 그런 남편들은 아내로부터 '차라리 내가 벽이랑 대화하고 말지.'라는 한탄을 들을 확률이 높다. 심하면 평생 동안 '벽대남(벽 보고 대화하는 것 같은 남편을 말함)' 소리를 듣고 살아야 한다.

이런 상태가 되면 아내 마음의 문을 열기 어렵다. 최악의 경우에는 서로의 마음에 상처를 주고받다가 결국 졸혼이나 이혼으로 치달을 가능성도 있다. 그러므로 공감을 이끌어 내는 멘트를 날려야 한다. 다음과 같은 식으로.

"어, 그래. 자기 족발 먹고 싶구나. 전화번호 알아? 모른다고? 그럼 위치는 알지? 내가 얼른 나가서 사올게."

"정말 그렇네. 오늘 그 옷에 어울리는 신발 사~"

"어? 요즘 야근을 많이 하더니 그렇구나. 보톡스 주사라도 맞지 그래."

　라며 지갑에서 돈을 꺼내 주는 식이어야 한다. 돈이 없으면 "이
번 달 월급 타면 줄게."라고 말하면 된다. 아내의 공감을 잘 이끌어
내는 남편이 되기 위해서는 '따말남'(따뜻한 말을 자주 건네는 남편을 말함)이
되는 것도 방법이다.

　따말남이 되는 법은 너무나 쉬운 편이다. 남편들이 자기 마음속
어딘가에 자리 잡고 있는 7마리 소를 아내에게 팔기만 해도 된다.
다음과 같은 7마리 소 말이다.

　〈남편이 아내에게 팔아야 할 7마리 소〉

　1. 정말 수고했소
　2. 참 잘했소
　3. 언제 봐도 아름답소
　4. 참 맛있소
　5. 정말 고맙소
　6. 미안하게 됐소
　7. 난 언제나 당신을 믿소

　자동차나 보험 파는 것만큼 어려운 일도 아니다. 이 7가지 소가
들어간 말들을 아내에게 건네기만 하면 된다. 게다가 말주변이 없어
도 얼마든지 잘할 수 있는 쉬운 말들이다. 그러나 안타깝게도 7마리

소가 들어간 말을 자주 하는 남편들은 그리 많지 않다. 그래서일까? 어떤 중년 주부는 다음과 같이 말한다.

"저한테는 일주일에 한 마리만 팔아도 돼요. 내 마음 속 긍정의 잔고 계정에 한 마리당 천만 원씩 적립해 줄 테니까요. 결혼 생활 20년 동안 '고맙소'라는 말은커녕, 그 비슷한 말 한마디 들어 보지 못했거든요."

일주일에 한 마리만 팔아도 한 달이면 4천만 원이다. 연봉 약 5억의 남편이 될 수 있는 셈이다.

이혼녀였던 미국의 어느 어머니는 아들을 볼 때마다 "난 언제나 너를 믿는다."는 말 한마디를 했다고 한다. 그 말을 듣고 자란 아들은 대통령이 됐다. 그 아들이 바로 미국의 42대 대통령 빌 클린턴이다.

그러니 이 세상의 모든 남편, 아내들이여! 부디, 7마리 소를 마음 속에 담아 두지만 마라. 한 마리가 됐든, 두 마리가 됐든 꺼내서 배우자에게 매일 매일 팔아라. 그렇게 하면 정말 멋진 '따말남, 따말아'로 우뚝 설 수 있다.

부하 직원들 마음에 상처 주기 달인들인 직장 상사들 역시 마찬가지다. 4마리 소(정말 수고했소, 참 잘했소, 정말 고맙소, 난 언제나 당신을 믿소)를 마음속에 담아 두지만 마라.

한 마리가 됐든, 두 마리가 됐든 매일 매일 부하 직원에게 팔아라. 아니, 클린턴의 어머니처럼 '난 언제나 자네를 믿소' 한 마리만 팔아도 된다.

04

불통의 99%는
내 탓

사람들은 대부분 상대와의 불통의 원인은 자신 탓이 아니라고 생각한다. 툭하면 화내고 욕하는 상사, 엄마가 말할 때마다 한마디도 지지 않으려 말대꾸하는 아들, 폭언과 폭력을 일삼는 남편, 고부관계의 위상이 많이 바뀌었는데도 여전히 군림하려는 시어머니 등이 바로 그들이다.

핸드폰 문자나 메모지, 자녀들을 통해서만 의사를 주고받는 부부들도 마찬가지다. 그들 역시 불통의 원인 99%는 상대 배우자 탓이라고 말한다.

그들은 왜 그렇게 생각하는 걸까? 소통에 관한 교육을 제대로 받지 못해서 그런 걸까? 그런 면도 물론 있다. 그러나 보다 근본적인 문제가 있다. 바로 소통을 바라보는 관점이다.

부서원들에게 툭하면 화내고 욕하는 팀장의 예를 들어 보자. 1장에서 소개했던 안정혜 대리의 팀장 같은 이 말이다. 안 대리의 팀장은 자신이 불통 팀장이라고는 전혀 생각하지 않는다. 부하 직원들에 상처를 준다고 생각하지도 않는다. 상사가 제아무리 화내고 욕하더라도 직장인이라면 그 정도는 참고 받아들여야 한다고 생각하기 때문이다.

일반 직장인들은 다르다. 소통의 정의를 '의사나 의견이 잘 통함' 정도라 생각하지 않는다. '서로 막힘없이 잘 통하는 것'으로 생각한다. 그렇기에 상사의 지시 사항을 토씨 하나라도 놓치지 않기 위해 노력한다. 메모를 하고 심지어는 녹음을 하기도 한다. 박근혜 정부 시절의 안**, 정** 전 비서관들만 그런 게 아니란 얘기다.

부하 직원들이 이 정도니 대부분의 상사는 자신의 메시지가 잘 전달되고 있다고 생각한다. 그러나 이는 착각이다. 이런 직장인들은 소통 관련 교육을 필히 이수토록 해야 한다.

불통 상사들이 반드시 알아야 할 게 있다. 소통은 '내가 상대에게 어떤 메시지를 주거나 상대를 설득하는 기술'이 아니라는 것이다. 소통은 '상대가 나를 받아들이게 만드는 기술'이다. 그것도 상처를 주지 않으면서. 소통을 전자의 개념으로 이해하고 있기 때문에 화내고 욕하며 윽박지르더라도 어쨌든 소통은 된다고 착각하는 것이다.

화내고 욕 잘하는 팀장은 무슨 말로도 자신을 받아들이게 할 수 없다. 모든 부하 직원의 마음에 상처를 줄 뿐이다. 그렇지 않다고? 화내고 욕하면 확실히 조직이 잘 돌아간다고? 그렇게 보일 뿐이다.

부하 직원들이 팀장인 자신의 메시지를 상처 받지 않고 받아들이게 만들어야 한다. 그러려면 부하 직원들의 공감을 이끌어낼 수 있어야 한다.

어떻게 하면 될까? 무슨 일이 있어도 화내지 말고 욕도 하지 말아야 한다. 그 외에도 4가지 방법이 더 있다. 뒷부분 '공감을 이끌어내는 마음 소통의 원천 4가지' 부분을 참조하기 바란다.

최근 들어 자영업 창업 후 폐업하는 사람들이 많다. 그들은 왜 실패하는 걸까? 한식당을 창업했다 실패한 자영업자를 예로 들어 보자. 그는 왜 실패한 걸까?

경쟁이 너무 심해서, 임대료를 갑자기 두 배로 올려 줘야 해서, 창업 자금이 부족하다 보니 상권이 그다지 좋지 않은 곳에서 창업했더니, 원·부자재 값은 50%나 오른 데다 경기 불황마저 닥쳐서와 같은 요인들 때문일까.

맞는 말이다. 한식당은 물론 자영업 창업 후 실패한 대부분의 사람들이 느끼는 공통점이니까. 그렇다면 실패의 원인을 소통의 관점에서 생각해 보자. 한식당 실패가 정말 위에서 언급한 요인들 때문만일까.

아니다. 더 중요한 이유가 있다. 바로 고객과 소통을 잘 못했다는 것이다. 한식당이든, 김밥집이든 먹는 장사는 맛과 서비스로 고객의 공감을 이끌어내야 한다. 상권이나 입지, 임대료 등은 그 다음 문제다.

그렇다면 맛으로 고객의 공감을 이끌어내지 못한 것이 주방장 탓일까? 친절한 서비스를 제공하지 못한 것 역시 종업원 탓일까? 아니다. 고객들의 공감을 이끌어내지 못한 것, 즉 불통의 99%가 한식당을 창업한 본인 탓이다.

한 번 왔던 고객들이 맛과 서비스가 뛰어난 곳이라는 사실을 반드시 공감할 수 있도록 만들어야 하는데 그렇지 못했기 때문인 것이다.

이번에는 남포 마포(남편 포기, 마누라 포기 상태로 사는 부부를 말함) 부부를 예로 들어 보자. 대기업 H사의 박명수(가명, 45세) 부장 부부는 남포 마포 부부다.

그들은 남포 마포부부로 사는 게 서로 자신의 배우자 탓이라 생각한다. 아내는 전업 주부다. 첫 아이 출산 후 우울증과 스트레스에 시달렸다. 자신이 그렇게 힘들 때 남편이 아이 돌보는 일과 가사를 전혀 도와주지 않은 것에 불만이 쌓였기 때문이다.

박 부장 역시 마찬가지다. 힘들게 회사에서 일하고 왔는데도 집에 늦게 들어왔다며 잔소리를 해대는 아내에게 점점 마음의 문을 닫았다. 이런 이유들로 인해 점점 대화가 단절되더니 각방을 쓰게 됐다. 결국 휴대폰으로 꼭 필요한 메시지만 주고받는 불통 부부가 됐다.

중요한 사실은 박 부장 부부 외에도 불통의 원인이 상대 배우자 탓이라 생각하는 부부들이 많다는 것이다. 왜 그런 걸까? 조금 전에는 부부가 소통이 되지 않는 문제를 남편 탓의 관점에서 살펴봤다.

그러므로 이번에는 아내 탓의 관점에서 접근해 보자. 어린아이들은 무엇이든 받으려고만 한다. 반면, 어른은 그 반대다. 주로 주는 사람이다. 그런데 대부분의 아내는 남편과 소통할 때 어린아이처럼 구는 편이다.

내 말에, 내 기분에 남편이 즉각 반응하고 공감해 주기를 바란다. 말이 없는 편인 남편을 향해, 답답해 미치겠다며 벽하고 대화하는 것 같다는 하소연을 하는 아내가 대표적이다. 그러면서 불통의 99%가 남편 탓이라고 생각한다.

그러나 이 또한 착각이다. 물론 바람직한 건 남편이 자신의 소통 스타일을 고집하는 대신 아내의 소통 스타일에 맞추는 것이다. 그러나 자기 남편이 그렇게 하지 않는다며 답답해하는 것 역시 현명하지 않다.

왜냐고? 현생 인류 25만 년 동안이나 이어져 온 남자들만의 본원적 소통 스타일이 쉽게 바뀌지 않기 때문이다. 그러므로 바꾸려 하는 대신 남자들의 다음과 같은 본원적 소통 스타일을 인정하고 존중하는 것이 현명하다.

남자들은 원시 수렵사회 시절부터 말을 적게 하라고 길들여져 왔다. 사냥 나가서 말을 많이 해 주변이 시끄러워지면 사냥감이 눈치 채고 달아나 버리기 때문이다. 그런 소통 스타일은 농경사회가 되고 산업사회가 되면서 진화하기는 했다. 하지만 근본적으로는 바뀌지 않았다.

"남자는 입이 무거워야 해…."

"사내 녀석이 여자애처럼 무슨 말이 그리 많나…."

와 같은 사회 관습도 한몫 하다 보니 남자들은 사냥 때처럼 꼭 필요한 말들만 주고받는 게 습관이 됐기 때문이다.

이 같은 본원적 소통 스타일의 잔재가 아직도 많이 남아 있는 이들이 경상도 사나이들이다. 결혼한 경상도 남자들은 퇴근 후 집에서 다음과 같이 딱 3마디만 한다고 한다.

"밥 줘, 불 꺼라, 자자."

그런 경상도 사나이들도 최근엔 아내와 소통을 잘하기 위해 많이 노력한다고 한다. 우스갯소리지만 다음과 같은 6마디 정도는 하면서.

"아는? 밥 줘, 물~, 불 꺼라, 자자, 좋았나."

원시 수렵시대 남성들의 소통 스타일이 아직도 덜 진화됐다는 과학적 근거도 있다. 남자들이 태생적으로 말을 적게 한다는 것이다. 피즈 교수의 연구에 의하면, 여성은 보통 하루에 6,000~8,000개의 단어를 사용한다. 몸짓 언어까지 합하면 약 2만 개의 언어를 사용한다.

그렇다면 남성은 하루에 몇 개 정도의 단어를 사용할까? 4,000개 정도의 단어를 사용하고 몸짓 언어를 포함하면 7,000개 정도다.

통계에서도 알 수 있듯 남편들은 태생적으로 말을 적게 한다. 그러므로 아내들도 노력해야 한다. 사람의 성격이 쉽게 바뀌지 않듯, 소통 스타일 역시 쉽게 바뀌지 않기 때문이다.

'로마에 가면 로마법을 따르라'는 말처럼 화성에서 온 남편과 소통하는 가장 좋은 방법은 화성 식으로 소통하는 것이다.

아내들이여!

부부간 불통의 99%가 남편 탓이 아니다. 그러니 내 기분이나 감정 상태에 남편이 공감해 주기만을 바라지 마라. 공감을 잘 해주는 남편이 아니더라도 섭섭해하지 마라. 당신이 남편의 소통 스타일을 존중하는 것이 먼저다. 먼저 공감의 촉수를 내밀어라. 그 길이 남편이 당신을 받아들이게 만드는 가장 가까운 길이다.

단절 痛(통)의 진원지,
싹둑 소통

상대가 누가 됐든 그 상대와 소통이 단절돼 받는 상처와 고통을 단절 痛(통)이라 한다. 친구나 연인, 고객 등과의 관계에 많은 편이다. 그러나 가족이나 직장 동료 등과 같이 가까운 사이에도 많다.

친구나 연인, 심지어 고객도 안 보면 그만이다. 단절 痛(통)으로 고통 받겠지만 시간이 지나면 다 해결이 되는 편이다. 그러나 그 상대가 가족이나 직장 동료, 직속 상사일 경우는 정말 고통스럽다. 매일 얼굴을 맞대고 지내야 하기 때문이다.

특히 배우자나 자녀, 부모의 경우가 심하다. 직장 상사의 경우도 고통이 심하면 그만두거나 다른 부서로 이동하는 방법이 있기 때문이다.

물론 배우자끼리도 단절 痛(통)을 견디지 못하고 헤어지기도 한다. 그러나 자녀 등의 문제로 이혼하지 않은 채 갈등하면서 상처를 안고 사는 이들도 제법 있다. 남포 마포 부부, 메모지나 핸드폰 문자로만 대화한다는 부부들이 대표적이다. 그들보다 더 심한 부부들도 있다. 자녀를 통해서만 소통하는 부부들 말이다.

그래도 그들을 단절 痛(통) 부부라 단정할 수는 없다며 반론을 제기하는 이들도 있다. 어쨌든 메모지나 문자, 자녀를 통해 소통은 하고 있지 않느냐면서.

이런 말을 하는 사람들은 아직도 소통의 정의를 그저 '의견이나 의사를 주고받는 것'으로 생각하는 이들이다. 입과 귀와 손, 즉 말과 글로 하는 것은 소통의 일부분일 뿐이다. 소통은 마음으로 하는 대화이다. 상대 마음에 긍정의 잔고가 가득 쌓여야 소통이 이루어질 수 있다.

문제는 자신이 상대 마음의 문을 닫힘 모드로 만든다는 걸 모르는 사람들이 많다는 것이다. 1장에서 소개했던 안정혜 대리의 팀장이 대표적이다.

그 말고도 자신이 단절 痛(통)의 원인 제공자라는 사실을 아예 모르는 사람들, 즉 착각하는 사람들이 많다. 착각 痛(통) 앓는 사람들에 대해서는 5장에서 언급할 예정이다. 그렇다면 단절 痛(통)은 어디에서 오는 걸까? 싹둑, 버럭, 토달 소통에서 온다. 그중 대표적인 단절 痛(통)의 진원지가 바로 싹둑 소통이다.

싹둑 소통이란 소통의 싹과 끈을 싹둑 싹둑 잘라 버리는 소통 방식을 말한다. 마음의 문이 열릴 분위기를 아예 없애버리는 걸 뜻한다.

전형적인 방법은 다음과 같다. 친구나 연인 간의 경우는 연락 빈도를 줄이다가 나중에는 아예 끊는 것이다. 직장 상사의 대표적인 전형은 툭하면 화내고 욕하는 것이다. 이 정도는 쉽게 이해가 될 것이다.

부부간 단절 痛(통)으로 인한 불화도 대부분 싹둑 소통에서 비롯된다. 평범한 직장인인 정영숙(가명, 41세, 여) 차장의 사례를 소개한다.

〈 결혼 12년 차인 정 차장은 남편과 그다지 사이가 좋은 편이 아니다. 일상적인 대화만 나누는 사이다. 각방을 쓴 지도 5년이 넘는다. 두 사람 중 하나가 바람을 피워서 그런 건 결코 아니었다.

결혼 5년 차까지는 소통이 잘되고 금실도 제법 좋은 부부였다. 특히 남편이 소통에 적극적이었다. 출근할 때마다 정 차장의 손등과 볼에 가볍게 뽀뽀를 하고서 집을 나설 정도로 애정 표현도 잘했다.

오후쯤 되면 아내에게 전화나 문자 메시지로 안부를 묻곤 했다. 지방에 출장 갈 때도 꼬박꼬박 전화나 문자를 했다. 두 사람 사이에 금이 가기 시작한 건 정 차장이 남편의 그런 행동을 불편해하면서부터였다. 어느 날, 정 차장은 남편에게 다음과 같이 말했다.

'가벼운 스킨십, 전화나 문자 보내는 거 그만했으면 좋겠어. 꼭 그렇게 해야 돼? 스킨십 땐 소름이 돋기도 하고 전화나 문자 할 땐 감시당하는 기분이야.'

정 차장은 남편에게 왜 그런 말을 했을까? 과유불급이란 말처럼 남편의 애정 표현이 너무 지나쳤기 때문일까? 혹시 남편이 의처증이 있거나 자신이 실제 외도를 해서 그런 건 아니었을까?

그런 건 결코 아니었다. 앞서 소개했던 박명수 부장의 아내처럼 일 때문에 스트레스 받고 아이들 육아와 교육 문제로 정신적, 육체적으로 피곤했기 때문이다.

불편하다는 말을 여러 차례 듣게 되자 남편은 결국 정 차장의 요구대로 모든 걸 중단했다. 소통의 싹들을 몽땅 잘라 버린 것이다. 그뿐만이 아니었다. 정 차장은 부부간에 아주 중요한 소통의 끈도 잘라내 버렸다.

남편의 코 고는 소리 때문에 잠을 못 잔다며 각방을 쓰자고 했다. 이때부터 부부는 각방을 쓰기 시작했다. 자연스레 대화와 스킨십은 물론, 부부생활마저 소원해졌다. 부부간 대부분의 소통의 끈을 싹둑 잘라내 버렸기 때문이다. 〉

공감 소통이 잘 이루어지고 있던 부부 중 한 사람이 자신의 마음의 문을 닫자, 상대 배우자도 닫아 버렸다는 사례다.

한 연구 결과를 보면 남편의 코골이 때문에 각방을 쓰는 부부는 그렇지 않은 부부에 비해 이혼하는 비율이 높다고 나온다. 부부간 소통 부족이 그 같은 결과를 만든다는 것이다. 그래서 한 이불 덮고 자야 진정한 부부란 말이 있는 것이리라.

부모 자식 간에도 싹둑 소통이 많다. 부모가 자녀와의 소통의 싹과 끈을 싹둑 자르는 경우가 대부분이다. 이렇게 말하면,

"이해가 갑니다. 하지만 부모 자식 간 싹둑 소통이 대부분 부모 탓이란 건 좀 이해가 안 가는군요. 여러 가지 이유로 부모 속 썩이는 자식들 탓이 더 큰 것 아닌가요?"

라고 말하는 이들이 있다. 일리 있는 말이다. 그러나 부모 자식 간 싹둑 소통의 진원지 역시 거의 대부분 부모들이다. 왜 그런지 알아보자.

아이들은 자라면서 무슨 말이나 어떤 행동을 통해 끊임없이 소통을 시도한다. 그러나 부모들은 정반대다. 자녀와의 소통의 싹과 끈을 잘라내는 싹둑 소통을 시도한다. 자녀가 성장할수록 점점 더 강도가 세지다가 아예 불통의 장막을 치기도 한다. 심각한 것은 부모들은 자신이 싹둑 소통을 하고 있다는 사실을 전혀 모른다는 것이다. 잘 이해가 안 가는 이들을 위해 예를 들어 보자.

'당신이 저녁 준비를 하는데, 또는 사무실에서 못 끝낸 일을 집으로 가져와서 하고 있는데 다섯 살 된 딸이 자꾸 뭘 물어 보거나 같이 놀자고 하면 보통 어떻게 하나.'

대부분의 부모는 다음과 같이 말한다.

"저리 가서 인형놀이 하고 있을래? 엄마 지금 바빠. 저녁밥 차리고 있잖아."

"저리 가서 놀아, 아빠 일하고 있잖아."

물론 더 심한 경우도 많다. 매정하게 문을 쾅 하고 닫아 버리거나 그래도 아이가 말을 듣지 않으면 목소리 톤이 높아진다. 딸아이의 마음에 상처를 주는 버럭 소통을 하는 것이다.

이처럼 대부분의 부모들은 자신은 의식하지 못한 상태에서 싹둑 소통을 한다. 아예 달인의 경지에 오른 부모들도 많다. 나는 그렇지 않다고? 이렇게 자신 있게 대답할 수 있는 부모는 다음의 멘트에 대해 생각해 보기 바란다.

"네가 지금 몇 살인데 엄마한테 해 달라는 거냐. 이젠 네 스스로 해라."

대부분의 부모는 자녀가 성장할수록 스스로 하라고 말한다. 이런 멘트는 자녀가 커 갈수록 더 단호해진다. 물론 독립심을 키워주기 위해서다. 그러나 소통이라는 관점에서 보면 자녀 마음에 상처를 주는 싹둑 소통의 대표적인 말이다. 다음과 같이 걱정하는 부모들도 있다.

'소통의 끈을 자르지 않겠다고 자녀가 성인이 될 때까지 챙겨 주

다 보면 응석받이, 더 나아가 캥거루족이 되지 않을까.'

일리 있는 말이다. 그러나 고교생 아들의 머리를 헤어 드라이기로 말려 주거나 얼굴에 로션을 발라주는 등의 스킨십으로 응석받이를 만들라는 건 결코 아니다. 소통과 독립심의 균형을 잘 맞춰야 한다는 뜻이다.

그래도 엄마들은 사정이 나은 편이다. 아무래도 자녀들과 함께 있는 시간이 많기 때문이다. 문제는 아빠들이다. 아침 일찍 나갔다 밤늦게 들어오다 보니, 주말에야 겨우 얼굴 보는 아빠들이 많기 때문이다.

가족을 위해, 돈 벌기 위해 그랬겠지만 소통 관점에서 보면 어쨌든 싹둑 소통이다. 그래서 거실에서 아빠가 TV를 보고 있는데도 주방에 있는 엄마한테 "엄마, 주말에 아빠 어디 간대?"라고 묻는 자녀들이 있는 것이다.

이런 상황이 반복되다 보면 '나는 애들한테 투명인간인가? 그저 지들을 위해 돈 버는 기계로만 보이는가.'라며 마음에 상처를 입고 자괴감도 느끼는 아빠, 남편들이 나타나게 된다.

그러나 어떤 이유가 됐든 자녀와의 싹둑 소통은 면죄부가 되지 않는다. 자녀, 또는 아내와의 단절 痛^(통)을 부른 진원지는 바로 자신이기 때문이다.

소통 잘되는 행복한 가족이 되기 위해 필요한 것 한 가지가 더 있다. 가족 간 마지막 소통의 끈만큼은 절대 잘라내서는 안 된다는 것이다. 문자 메시지나 메모를 통해 대화한다는 부부들을 말하는 게 아니다. 그래도 그들은 마지막 소통의 끈마저 자른 건 아니다. 무척 답답하겠지만 어쨌든 메모지나 문자로 소통은 하고 있으니까. 이혼을 앞두고 있거나 같이 살고는 있지만 꼭 필요할 때만 자녀를 통해서 소통하는 부부들이 해당된다.

부부 싸움은 칼로 물 베기라는 말도 결국 부부간 마지막 소통의 끈이 남아 있어야 성립될 수 있다. 부부 싸움이 칼로 소통 끈 잘라내기가 되는 부부는 결국 이혼하게 될 테니까.

자녀들과도 마찬가지다. 부모 자식 간 마지막 소통의 끈만은 절대 자르지 말아야 한다. 주변에서 보면 소위 문제아로 불리는 청소년 자녀 때문에 속앓이를 하는 부모들이 꽤 많다. 공부는 내팽개친 채 게임만 하거나 친구들과 어울려 다니며 술 마시고 담배를 피우는 등 온갖 몹쓸 짓을 하는 자녀를 둔 부모들 말이다.

사실 그 정도 되면 부모들 대부분이 자포자기 상태가 된다. 부모 말을 전혀 듣지 않는 상태일 테니 자녀와의 모든 소통의 싹과 끈도 이미 잘라졌다고 생각할 수도 있다. 그래도 대부분의 경우는 부모 자식 간에 얼굴 보면서 서로 연락은 닿는다. 밖에서 말썽 피우고 다니더라도 집에는 들어오면 어쨌든 소통의 끈 하나는 살아 있는 것이다. 그런데 부모가 화가 나서 다음과 같은 말을 한다면 어떻게 될까?

"너, 꼴도 보기 싫다. 집을 나가든지 어쩌든지 내 눈앞에서 당장 사라져 버려라…."

이는 자녀 마음에 영원히 지워지지 않을 상처가 되는 것은 물론, 실낱같은 소통의 끈마저 싹둑 잘라버리는 말이다. 이런 말을 들은 자녀는 아예 집을 나가버리거나 더 극단적인 선택을 하는 경우도 있다. 부모는 홧김에 한 말일 수도 있지만, 그 말이 부모 자식 간 마지막 소통의 끈을 잘라내는 비수가 될 수도 있다. 단절 痛(통)으로 인한 최고의 고통이 될 수 있는 것이다.

그럼 어떻게 해야 할까? 아무리 화가 나고 구제불능이라 생각되더라도 마지막 소통의 끈만은 자르면 안 된다. 다음과 같이 말해야 한다.

"난 널 믿는다. 지금은 네가 방황하고 사고도 치고 그렇지만 언젠가는 반드시 제자리로 돌아올 거라고 믿는다. 이 세상 모든 사람이 너한테 손가락질하더라도 난 널 믿는다. 한순간의 실수였거나 잘못된 생각의 결과일 것이라고…."

이런 식으로 마지막 한 줄기 소통의 끈은 남겨 둬야 한다. 부부나 부모 자식 간뿐만이 아니다. 형제, 직장 상사나 부하, 고객 등 살아가면서 만나는 모든 사람들과 소통할 때도 동일하게 적용되는 진리라 할 수 있다.

06

반감 痛(통)의 진원지,
버럭·토달 소통

싹둑, 버럭 소통은 상사나 부모 등 주로 권력을 가진 윗사람들이 공감 대신 상처를 주고 반감을 이끌어내는 소통 방식이다. 반면, 토달 소통은 그 반대다.

토달 소통이란 상사나 부모 등 상대방이 하는 말을 긍정하지 않고 사사건건 토를 달고 말대꾸하는 방식을 말한다. 일반 직장인들 중에도 토달 소통을 하는 이들이 있지만 아무래도 사춘기 전후의 자녀들한테 많은 편이다. 그들은 부모의 말에 한마디도 지지 않으려 한다. 심할 땐 친구들 사이에 거리낌 없이 쓰는 '뭔, 개소리야.'와 같은 막말을 하기도 한다.

부모 입장에서 이럴 땐 어떻게 해야 할까? 못 들은 척 넘어가는 것이 좋을까? 좋은 방법이 아니다. 갈수록 더 심해질 것이기 때문이다. 그럼, 사랑의 매라도 들어야 하는 걸까? 그러나 이 역시 좋은 방법이 아니다. 옛날에는 사랑의 매를 들거나 부모의 권위로 따끔하게 혼내는 방식들이 통했다. 하지만 지금은 잘 통하지 않는다. 더구나 자녀가 나이가 들수록 잘 먹히지도 않는다.

그렇다면 해법은 무얼까? 먼저 자녀가 왜 그런 언행을 하는지에 대해 생각해 보자. 성격 탓일까? 물론 성격 탓도 있다. 하지만 대부분의 자녀는 자신의 말대꾸가 잘못된 것이라는 사실을 전혀 모른다.

부모나 윗사람의 말에 토를 달고 말대꾸하는 게 잘못이라는 것을 제대로 가르치지 않은 데 근본 이유가 있다. 결국 자녀가 토달 소통을 하는 건 자녀 탓이 아니라 부모 탓, 어른들 탓이란 얘기다.

두 번째 이유는 부모가 먼저 자녀의 토달 소통을 부르는 버럭 소통을 하기 때문이다. 버럭 소통이란 부모가 자녀들과 대화할 때 화가 나서 버럭 소리를 지르는 식의 소통법을 말한다. 대표적인 버럭 소통은 다음과 같다.

"TV 좀 그만 봐라."
"게임 좀 그만 해라."
"밥 먹을 때만이라도 스마트 폰 좀 보지 마라."
"공부해라."
"책 좀 읽어라."
"너, 지금 제정신이냐?"

이렇게 말하는데 자녀가 말을 듣지 않거나 토달 소통을 한다며 더 센 반감을 부르는 버럭 소통을 하면 어떻게 될까? 자녀들은 극단적인 방식으로 표출하기도 한다. 부모에게 대들거나 가출이나 자살 같은 방식으로 말이다. 이런 상황에 이르면 서로 상처 받고 고통 받게 된다.

물론, 부모들이야 자식 잘되라는 마음에서 그런 것이다. 그런데 자녀들은 왜 공감하는 대신 반감을 가지는 걸까? 지들더러 전교 1등 하라는 것도 아닐 텐데 말이다. 이유는 그 말이 잔소리로 들리기 때문이다.

"밥 먹을 땐 스마트폰 보지 마라."고 말하면 속으로 '누나도 보고 친구들도 다 하는데….'라며 잔소리로 생각한다.

"공부해!"라는 말 역시 마찬가지다. 재미있는 건 엄마가 하면 잔소리로 들리지만 명문대 간 삼촌이 하면 잔소리가 아니라 최고의 조언으로 받아들인다는 거다. 여기서 시사점을 발견할 수 있다.

아무리 좋은 말이라도 반복해서 듣게 되면 잔소리로 들린다는 것이다. 또한 누가 어떤 상황에서 어떻게 말을 하느냐에 따라서도 그 의미가 다르게 받아들여진다는 거다. 그러므로 부모가 자녀와 소통을 잘하려면 명문대생 삼촌처럼 충분히 공감이 된 상태에서 말해야 한다. 그래야 자녀에게 잘 받아들여지는 부모가 될 수 있다. 그러므로 어떤 상황에서든 분위기를 공감할 수 있는 상태로 만든 다음 말해야 한다.

문제는 부모의 버럭 소통이나 자녀의 토달 소통 습관을 바꾸는 게 쉽지 않다는 거다. 그렇다면 왜 부모는 자녀에게 쉽게 목소리를 높이고 화를 내는 걸까? 성격 탓일까? 자녀가 말을 듣지 않기 때문일까? 사랑하지 않기 때문일까?

물론 그런 이유들도 있다. 하지만 일부일 뿐이다. 가장 큰 이유는 자녀를 사랑하지만 존중하지는 않는다는 데 있다. 지렁이가 밟으면 꿈틀하는 것도 자존감의 표시다. 자녀 역시 마찬가지다.

부모는 자녀가 언제나 일곱 살, 여덟 살 꼬맹이라고 생각하지만 아이들은 그렇게 생각하지 않는다. 특히 자존감만큼은 존중받고 싶어 한다. 그러므로 '내 자식이니 내 맘대로 해도 된다'거나 '다 너 잘되라고 하는 거야'라는 생각부터 버려야 한다. 공부 안 하고 게임만 한다며 신경질적으로 소리를 지르며 버럭 소통을 하는 것도 결국 존중하는 마음이 없기 때문이다.

그 결과는 거의 매번 서로 상대의 마음에 반감이란 부정의 잔고를 쌓는 것으로 이어진다. 자녀 역시 토달 소통으로 부모의 또 다른 버럭 소통을 부르기 때문이다.

자녀는 부모의 소유물이 아니라 존중받아야 할 인격체이다. 자신이 존중받지 못한다는 반감이 들기 때문에 1장에서 소개한 나화성 과장의 아들처럼 "왜 신경질이야.", "뭔, 개소리야."와 같은 반응을 보이는 거다. 지렁이가 꿈틀하듯이 말이다.

어떻게 하면 자녀가 존중받고 있다는 느낌을 갖게 만들 수 있을까? 반드시 공감대를 형성한 후 말하는 것이 좋다. 자녀들이 TV 보는 걸 무조건 꾸짖는 대신 같이 TV를 보면서 "재미있네~ 저 복면가수 가창력이 정말 뛰어나구나. 넌, 누구라고 생각하니?" 같은 식으로 말이다.

이렇게 공감대를 형성한 다음에 부드럽고 따뜻한 목소리로 이젠 공부하라고 말하는 것이 좋다. 다음에 소개하는 A공기업에 근무하는 강일창(가명, 48세) 부장의 아내처럼.

아빠는 반감 소통, 엄마는 공감 소통의 달인

〈 강 부장은 전형적인 반감 소통의 달인이다. 퇴근 후, 집에 들어갔는데 고교생 아들이 시험기간 중임에도 게임을 하고 있는 걸 보면 다짜고짜 버럭 호통을 친다. 다음과 같은 식으로.

"야, 시험 기간 중에 게임을 해? 너, 오늘 시험 잘 봤어?"

아들이 고3이 된 신학기 초에 기타를 배우고 싶다고 말했던 적이 있었다. 강 부장은 그때도 어김없이 버럭 소통, 반감 소통을 했다.

"너, 지금 제정신이냐? 뭐? 고3이 기타를 배우겠다고?"

강 부장은 이런 식으로 매번 아들과 버럭 소통을 한다. 물론 아들이 강 부장을 화나게 하는 언행을 하기 때문이다. 이런 상황에서 거의 모든 부모는 강 부장과 같이 반감 痛(통)을 부르는 버럭 소통을 한다.

반면, 전업주부인 강 부장의 아내는 공감 소통의 달인이다. 비결은 간단하다. 아들이 게임하는 모습을 보면, "공부하다 집중이 안되나 보구나. 게임으로 잠깐 스트레스 푸는 것도 좋지."와 같은 식으로 일단 공감을 이끌어 낸다.

고3 아들이 기타를 사달라고 했을 때 역시 마찬가지였다.

"그래, 공부하다 스트레스 쌓이면 잠깐 기타 치는 것도 방법이지. 오히려 집중력을 높이는 데 도움이 될 거야."

라면서 아들에게 기타를 사줬다. 이렇게 강 부장의 아내는 아들의 말이나 행동을 절대 긍정해 주고 철저하게 존중해 준다. 〉

위 사례를 소개하면 다음과 같은 반론을 제기하는 부모들이 많다.

"나도 강 부장 부인처럼 실천해 보렵니다. 그런데 아들이 원하는 거 다 들어주는 건 좀 문제가 있지 않나요? 물론 공부하다 스트레스 풀려고 잠깐 게임하는 것일 수도 있겠죠. 하지만 엄마가 그렇게 반응하면 점점 더 게임 시간과 빈도가 늘어나지 않을까요? 나중엔 통제 불능 상태가 될 수도 있고요."

일리 있는 말이다. 강 부장 부인처럼 하다 보면 소통이야 잘될지 모르겠지만 자녀가 무슨 일이든 제멋대로만 하려 할 가능성이 높다.

그렇다면 강 부장 부인은 어떻게 이런 상황에 대처할까?

공감은 해주되, 절대 방임은 하지 않는다. 다음과 같은 식이다.

"오늘은 1시간 동안 게임하며 스트레스 풀었으니 한 시간 더 공부 해야지?"

물론, 자녀에게 모범을 보이려는 노력도 중요하다. 너무나도 당연한 얘기지만 자녀들에게 책 많이 읽으라고 말하는 대신, 부모가 책 읽는 모습을 더 많이 보여주는 게 중요하다. 사실 자녀가 토달 소통을 하는 것도 부모를 보고 배웠을 가능성도 높다.

당신은 어떤가? 자신도 모르게 배우자나 자녀, 부하 직원에게 버럭 소통을 하지는 않는가? 직장 상사가 하는 말이 논리적으로 앞뒤가 맞지 않는다며 토를 달곤 하지는 않는가? 혹시 버럭·토달 소통의 달인은 아닌가?

꼭 기억하기 바란다. 모든 반감 痛(통)의 진원지는 네가 아니라 나라는 것, 즉 당신이 상대에게 받아들여지지 않는 버럭·토달 소통을 하기 때문이라는 사실 말이다.

07

공감을 이끌어내는
마음 소통의 원천 4가지

싹둑·버럭·토달 소통을 하지 않으려면 상대가 누가 됐든 일단 공감을 이끌어내는 게 중요하다. 그래야 상대 마음의 문을 여는 비밀번호를 알아낼 수 있기 때문이다.

어떻게 하면 상대의 공감을 잘 이끌어낼 수 있을까? 다음과 같은 4가지 원천을 잘 활용하면 된다.

〈공감을 이끌어내는 마음 소통의 원천 4가지〉

1. 스킨십

2. 웃게 만들기

3. 인정, 존중

4. 눈물

(1) 스킨십

스킨십은 상대의 공감을 이끌어내는 유용한 소통법이다. 이렇게 말하면, 다음과 같은 하소연을 하는 사람들이 있다.

"그거 모르는 사람은 없지 않나요? 문제는 알면서도 실천하기가 쉽지 않더라는 거죠. 부부간, 자녀와의 스킨십이라면 몰라도 말입니다. 자칫 잘못했다간 성추행이나 성희롱으로 오해 받을 수도 있고요."

일리 있는 말이다. 그러나 성공한 사람들은 다르다. 정말 작은 부분에서 차이가 난다. 모 자동차 회사의 판매 왕 김영준(가명, 48세) 씨가 그런 사람이다. 그는 고객을 만나기 전에 반드시 손을 씻는다.

청결과 관련해 결벽증이 있어서 그런 건 결코 아니다. 2가지 이유가 있다. 하나는 고객을 만날 때 세균이 득실거리는 손 대신 깨끗한 손으로 악수한다는 자신의 정성을 고객한테 전달하고자 하는 뜻이 담겨 있다.

다른 하나는 자신의 약점을 보완하려는 목적에서다. 그는 손이 찬 편이다. 그래서 겨울철에는 따뜻한 물로 손을 충분히 씻고 나서 고객을 만난다. 언제나 고객과 따뜻한 손으로 악수하기 위해서다.

그는 왜 따뜻한 물로 손을 씻은 후 고객을 만나는 걸까. 미국 예일대 존 바흐 교수 팀이 2008년에 '사이언스'라는 잡지에 게재한 실험 결과를 보고 나서부터였다.

존 바흐 교수 팀은 다음과 같은 실험을 했다. 한 팀에게는 따뜻한 커피를 손에 들게 하고, 또 다른 팀에게는 차가운 커피를 들게 한 후 첫인상을 평가하게 했다.

실험 결과는 어땠을까? 따뜻한 커피로 손을 데운 사람들에 대해서는 '성실하고 관대해 보인다.'는 반응이 나왔다. 반면, 차가운 커피를 들어 손이 차가웠던 사람들에 대해서는 대체로 '이기적이고 예민해 보인다.'는 평가를 내렸다.

손의 따뜻함 정도에 따라 호감과 비호감의 이미지가 형성된다는 것이다. 그 실험 결과와 관련한 내용을 읽고 나서부터 그는 따뜻한 물로 손 씻기를 실천했다. 고객이 인지하든 못 하든 전혀 신경 쓰지 않는다.

그렇다면 그런 그의 정성을 고객들이 과연 알아줄까? 대부분의 고객은 그의 그런 행동을 모른다. 그러나 그런 세심한 배려가 결국 많은 고객의 공감을 이끌어낼 수 있었던 원천임은 분명하다.

이 정도 정성을 갖고 고객을 대하고 영업을 하니까 판매 왕이 될 수 있었다는 것이다. 천재와 보통 사람은 종이 한 장 차이라는 말이 그래서 있는 것이리라.

따뜻한 손이 호감을 주고 더 나아가 공감을 이끌어내는 현상을 심리학에서는 '점화 효과'라 한다. 그 점화 효과를 자신의 영업 활동에 활용했다는 것이 놀랍지 않은가? 그 누구도 시도하지 않은, 아니 생각조차 못 한 행동을 묵묵히 실천했으니 말이다.

스킨십도 점화 효과를 통해 상대의 공감을 이끌어내는 유용한 수단이다. K은행 J지점장이 스킨십을 통한 점화 효과를 영업 활동에 잘 활용하는 사람이다. 다음은 그와 관련한 사례다.

〈 K은행 B지점장이 새로 부임해 간 지점에서 있었던 일이다. B지점장 부임 후 얼마 지나지 않아 다수의 고객이 이탈했다. 특히 60세 이상 할머니 고객들이 많이 이탈했다. 어떤 원인 때문이었을까.

경우마다 이유가 다를 것이기 때문에 딱히 '이거다'라고 단정 짓기는 좀 그렇다. 갑자기 그 영업점 직원들이 불친절해진 것도 아니었고, 고객들이 대거 이탈할 만한 스캔들이 K은행에서 일어난 것도 아니었다.

원인은 새로 부임한 B지점장에게 있었다. 어느 날, 은행 영업점을 찾아 온 일흔이 넘은 어르신이 B지점장을 보며 다음과 같이 말했다.

'전에 계셨던 지점장님은 내가 은행에 올 때마다 따뜻한 손으로 내 두 손을 꼬옥 잡아 주면서 그랬거든. 어머님, 어서 오세요. 그동안 잘 지내셨지요? 왜 이렇게 오랜만에 나오셨어요? 어디 다녀오셨어요? 이리 오세요. 제 방에서 대추차 한 잔 대접할게요. 그런데 그 양반이 가시고 나니까 은행에 와도 아무도 날 반겨 주지 않아. 가끔 그 양반의 따뜻한 손이 그리워서 은행에 오는데….'

그 말을 듣고 나서부터 B지점장도 따뜻한 손으로 어르신 고객을 반기며 대추차와 모과차를 대접하기 시작했다.

과천의 모 정형외과 C원장도 스킨십의 달인이다. 정형외과 고객들은 교통사고 환자와 어르신 그룹 등 대략 2개 그룹이다. C원장은 어르신들에게 특히 인기가 많다. 과천에 살다가 잠실로 이사한 어느 어르신은 일부러 전철 타고서 과천의 그 정형외과를 들러 진료를 받을 정도다.

그 비결 역시 대단한 것은 아니다. 병원에 온 어르신의 두 손을 꼭 잡고서 "어머님, 아버님! 어떠세요. 좀 좋아지셨죠?" 하고 호칭을 부르면서 질문을 던진다. 병원을 찾은 어르신이 몸이 불편할 경우는 덥석 안아 진료실로 직접 모신다. 마치 친어머니, 아버지 대하듯 스킨십을 한다.

가족 간에는 스킨십이 더 중요하다. 스킨십의 단절도 결국 싹둑 소통의 전형 중 하나이기 때문이다. 특히 자녀들이 성장할수록 아빠와 딸, 엄마와 아들의 스킨십은 줄어들 수밖에 없다. 그렇더라도 가벼운 스킨십을 통해 소통의 싹이 잘 자라나도록 해야 한다.

평범한 직장인인 나인식(가명, 42세) 차장이 스킨십을 통한 공감형 소통의 달인이다. 나 차장은 중학생인 아들의 머리를 감겨주고 목욕도 같이 다닌다. 아들이 집에서 샤워를 할 때면 등을 밀어주고 수시로 팔씨름도 한다.

포옹도 나 차장이 가족과 공감 소통을 하는 중요한 수단이다. 나 차장은 학교에 가는 아들과 딸에게 잘 다녀오라며 포옹을 해준다. 가볍게 어깨를 두드리며 사랑한다는 말도 빠트리지 않으면서.

물론, 아내와도 수시로 스킨십을 한다. 마트에 갈 때도, 주말에 산에 갈 때도 아내의 손을 꼭 잡고 걷는 식으로. 등산할 때는 불륜 커플로 오해 받기도 한다. 그래도 개의치 않는다.

(2) 웃게 만들기

잘 웃는 것은 상대에게 호감을 줄 수 있다. 그러나 공감을 주는 데는 한계가 있다. 상대의 공감을 이끌어내려면 웃게 만드는 게 효과적이다. 어떻게 하면 상대를 웃게 만들 수 있을까?

유머 감각이 필요하다. 상대가 누가 됐든 유머는 아주 효과적으로 상대 마음의 문을 열게 해주는 비밀번호이기 때문이다.

문제는 유머 감각이 떨어진다고 고민하는 사람들이다. 그들은 어떻게 하면 좋을까? 준비와 노력이 필요하다. 절대적인 건 아니지만 유머 감각도 말 잘하는 능력처럼 어느 정도 타고나기 때문이다. 그렇다고 실망할 필요는 없다. 기발한 유머를 구사하는 순발력이 없는 사람이라도 주변 사람들을 웃게 만들 수 있다. 이런 상황에서 저런 말을 하니까 웃더라와 같이 자신만의 레퍼토리를 준비해 활용한다면 말이다.

그렇다고 너무 의도적으로 웃기려 한다는 느낌을 갖게 하면 안 된다. 또한 금기시하는 영역은 피해야 한다. 종교, 인종, 성 차별적 요소가 담긴 유머는 삼가야 한다.

08

이렇게 하면
나도 유머러스한 사람

유머러스한 사람이 되기 위해서는 다음과 같은 5가지 방법이 있다.

1. 유머 레퍼토리를 활용하라.

2. 반전 화법을 구사하라

3. 자신이 망가져라

4. 최신 버전으로 업데이트하라

5. 먼저 웃지 말고 유머가 통하지 않아도 포기하지 마라

유머 감각이 별로인 사람이 상대를 웃게 만드는 유용한 방법 중 하나가 유머 레퍼토리를 활용하는 것이다. 유명 개그맨이나 개그우 먼들의 우스운 말을 인용하거나 과거에 재미있었던 경험담, 실생활과 관계가 있는 유머도 훌륭한 레퍼토리가 될 수 있다.

휴가 시즌에 활용 가능한 유머 레퍼토리를 예로 들어 보자. 여름 휴가 시즌에는 대부분 "휴가 다녀오셨습니까?"란 인사말을 주고받는다. 휴가를 다녀오지 못한 사람이 이 같은 인사말을 받으면 보통 2가지 형태로 대답한다.

유머 감각이 없는 사람들은 대부분 "아직 못 갔습니다."라고 대답한다. 반면 유머 감각이 있는 사람은 다르다. 다음과 같이 말한다. "방콕 다녀왔습니다." 이 같은 답변을 듣는 사람들 대부분은 가볍게 웃는다. 그러나 방콕 레퍼토리는 1980년대 버전이다. 그만큼 많이 알려져서 웃음의 강도와 효과도 떨어진다. 그러므로 2010년대 버전으로 업그레이드 시킬 필요가 있다.

"휴가 다녀오셨습니까?"란 인사말에 "이집트 다녀왔습니다."라고 말하라. 상대가 진중하게 "요즘 이집트 안전한가요? 치안이 많이 좋아졌나 보군요."라고 물으면 다음과 같이 대답하라.

"네, 아주 안전합니다. 이불 뒤집어쓰고 집에 틀어박혀 지낸 이집트거든요."

이 같은 답변을 들은 상대는 십중팔구 빵 하고 웃음을 터뜨릴 것이다.

'하와이 다녀왔습니다.'란 하와이 버전도 활용하면 상대를 웃게 만들 수 있다. '하루 종일 와이파이 팡팡 터지는 이디야에서 죽쳤습니다.'란 뜻이니 말이다.

이처럼 계절이나 상황에 특화된 유머 레퍼토리를 준비해 활용하면 유머 감각이 없는 사람일지라도 상대를 웃게 만들 수 있다. 여기서 중요한 건 최신 레퍼토리 버전으로 업그레이드 시켜야 한다는 것이다. 이집트나 하와이 버전을 알고 있는 사람에게는 그 효과가 반감될 것이기 때문이다.

어떻게 업그레이드 시킬 수 있을까? 손품, 발품 외에 눈품도 열심히 팔아야 한다. 인터넷 유머를 자주 검색하거나 최근에 출간된 유머 관련 책을 읽는 게 도움이 된다. 유명 개그 프로그램 같은 걸 시청하는 것도 방법이다.

상대를 웃게 만드는 방법 중 하나가 반전 화법을 구사하는 것이다. 예를 들어 비즈니스 관계로 한두 번 만난 중년 여성으로부터 "팀장님, 혹시 결혼하셨나요?"라는 질문을 받았다고 하자.

유머 감각이 없는 사람은 있는 사실 그대로 답변한다. 결혼했으면 했다고, 안 했으면 안 했다고. 그러나 유머러스한 사람은 반전 화법을 구사해 상대를 웃게 만든다. "왜요? 저랑 재혼하시게요? 아니면 결혼 안 한 따님이나 조카라도 소개시켜 주시려고요?"

물론 진지한 표정 대신 장난기 어린 표정을 지으며 농담을 던지는 식으로 말한다. 그러면 상대의 십중팔구는 빵 하고 웃음을 터뜨린다.

자신의 경험담을 이야기할 때는 자신을 깎아내리거나 약점을 반전시키는 것도 효과적이다. 한화그룹 김승연 회장이 대표적이다. 지난 2007년 김 회장은 조직 폭력배를 동원한 보복 폭행 사건으로 사회적으로 큰 물의를 일으켰다.

결국 법원으로부터 집행유예와 사회봉사명령을 선고받고 풀려났다. 하지만 여론은 상당히 좋지 않았다. 한화그룹 내 임직원들 분위기도 침체돼 있었다. 그러나 김 회장은 그 분위기를 단 7글자, 한 문장으로 반전시켰다. 그룹 경영에 복귀하면서 그룹 본사에서 주요 계열사 임직원이 참석한 조회 자리에서다. 분위기는 너무 가라앉아 있었다. 그러자 그는 임직원들을 향해 다음과 같은 첫 멘트를 날렸다.

"여러분, 쪽팔리죠."

이 한마디에 강당 여기저기서 웃음꽃이 피어올랐다. 그 누구도 김 회장이 그런 반전의 멘트를 구사할지 전혀 예상하지 못했기 때문이다. 무거운 침묵이 흐르던 분위기가 한순간에 화기애애해졌다. 만약 김 회장이 조회사를 하면서,

"물의를 일으켜 죄송합니다. 국민 여론이 좋지 않다는 것도 잘 알고 있습니다. 하지만 이 위기를 전 임직원이 합심해서 극복해 나가도록 합시다….".는 식으로 말했다면 어땠을까? 아마도 그 자리에 모인 임직원 모두를 공감하게 만들긴 어려웠을 것이다. 만약 김 회장이 다음과 같은 멘트를 날렸다면 어땠을까.

"조폭 회장입니다! 여러분, 저 때문에 많이 쪽팔리셨죠?"

아마도 강당에 모인 한화그룹 임직원 모두가 빵 하고 웃음을 터뜨렸을 것이다. 몇조 원짜리 프로젝트를 수주한 것처럼 즐거운 마음으로. 김승연 회장하면 떠오르는 단어는 '신의와 의리' 이다. 이제부터는 다음과 같은 말을 추가해도 좋을 듯하다. "가장 유머러스하게 소통하는 재벌 총수!" 역대 재벌 총수 중 가장 유머러스하게 소통한 이를 꼽으라면 고 정주영 회장이다. 이제 김 회장이 정 회장의 유머러스함을 능가한다는 세간의 평판을 곧 들을 수 있지 않을까? 김 회장처럼 자신이 망가지면 상대를 웃게 만들 수 있을 뿐 아니라 꽉 막혔던 일도 술술 풀리게 만들 수 있다. 마음을 나누는 대화가 가능하기 때문이다.

직장인이라면 누구나 한두 번쯤은 겪게 되는 실수도 반전 화법을 구사하면 전화위복으로 만들 수 있다. 대표적인 예가 제안서를 제출하거나 프레젠테이션을 하는 중 틀린 철자를 발견했을 때의 대처법이다.

유머 감각이 없는 사람은 "죄송합니다. 'ㅇ' 철자가 누락됐네요."라고 말한다. 그러나 반전 화법을 잘 구사하는 사람은 다르다.

"어? 'ㅇ' 받침 녀석이 도망쳐 버렸네요. 어젯밤 12시까지는 분명히 있었는데요. 하여튼 요 녀석은 가끔씩 제 눈을 피해 도망을 잘 치네요. 죄송합니다."

　이런 식으로 말하면 전화위복이 될 수 있다. 오히려 완벽할 경우
보다 인간적으로 공감이 간다는 평가를 이끌어낼 수도 있다. 제안서
나 프레젠테이션을 받는 사람들도 한두 번쯤은 그런 실수를 해봤기
때문이다.

　이제 더 이상 유머 감각이 없다고 자책하지 마라. 유머 레퍼토리
를 준비해 발사하라. 상대의 말이나 질문에 사실 그대로 대답하는
대신, 반전을 줘 말하는 습관을 길러라. 그리하면 당신도 유머러스
한 사람으로 진화할 수 있다.

09

공감과 반감의 분기점,
인정과 존중

악성민원인이나 블랙 컨슈머 때문에 고생하는 공무원이나 직장인이 꽤 많다. 경기도 A시의 D 민원 담당도 그런 경우다. 다음은 그의 사례다.

〈 D 민원 담당 공무원은 A시에 거주하는 악성 민원인 때문에 골치를 썩고 있었다. 그는 수백 차례씩 민원을 제기하고 툭하면 항의하는 사람이었다. 자신의 민원을 해결해 주지 않는다며 시청에 찾아와 고함을 지르는 건 보통이고, 경찰을 불러 제지해도 그때만 지나면 다시 찾아와 행패를 부렸다.

어떨 땐 시청 청사 1층 바닥에 드러누워 고래고래 고함을 지르기도 했다. 설득, 읍소, 강제력 발동 등 백약이 무효한 악성 민원인이었다.

그러던 어느 날, 그 악성 민원인이 시청 1층 바닥에 또 드러누워 행패를 부리기 시작했다. "선생님, 이러지 마시고 저랑 얘기 좀 나누시죠."라는 식으로 설득해도 막무가내였다.

이래도 안 되고 저래도 안 되자, 결국 D 민원 담당도 포기하는 심정으로 그 민원인 옆에 같이 누워 버렸다. 다행히 그 민원인이 눕지 못하게는 안 했다. 그렇게 둘이서 2~3분 정도 누워 있었다. 그러다 그 민원인이 잠잠해진 틈을 타서 D 민원 담당 공무원이 다음과 같이 말했다.

"바닥이 생각보다 차갑군요."

그랬더니 작은 변화가 일어났다. 악성 민원인이 흘깃 쳐다보기만 할 뿐 아무 말도 하지 않은 채 조용히 있는 것이다. 그렇게 둘이서 신경전을 벌이다 몇 마디 대화를 주고받았다. 이게 계기가 돼 결국엔 그를 일으켜 세웠고, 대화를 나눈 끝에 그 악성 민원인의 마음을 돌릴 수 있었다. 〉

사례를 읽고 나서 '애게? 해결책이 의외로 간단한 방법이었네.'라는 생각이 드는 사람이 대부분일 것이다. 하지만 그렇지 않다. 우연한 기회에 발견한 해결책이지만 상대의 공감을 얻는 데 필요한 핵심 솔루션이 들어 있기 때문이다.

D 공무원의 해결책을 다른 말로 표현하면 '인정해 주고 존중해 줬다'는 것이다. 차가운 대리석 바닥에 같이 누웠던 행위가 악성 민

원인으로 하여금,

'나처럼 바닥에 누워 보니 오죽했으면 내가 그랬는지 이해가 갈 거야. 내 입장을 인정해 주는군. 이 친구는 마음이 통할 친구야.'

라는 생각이 들게 만들었다는 것이다.

'인정과 존중'은 가족 간 소통과 불통을 가르는 분기점 역할도 한다. 특히 부부간에는 매우 중요하다. 인정과 존중이 없는 부부는 서로 갈등하고 다투다 이혼하거나 포기하며 사는 게 대부분이기 때문이다.

최근 통계를 보면 황혼 이혼이 급격하게 증가하고 있다. 최근 몇 년 동안 전체 이혼 건수에서 차지하는 비중이 30%대다. 최근 연도인 2015년에 3만 2,626건으로 전체 이혼 건수의 29.9% 수준이다.

그렇다면 황혼이혼의 주된 이유는 무얼까? 이 같은 질문을 던지면 대부분 다음과 같은 대답을 한다.

"남편이 바람 피워서요."
"남편이 돈을 못 벌어서요."
"남편의 폭언과 폭력 때문에요."
"남편과 싸우는 게 지겨워서요."

모두 남편들에게 잘못이 있다는 의견이다. 그러나 이는 잘못된 관점이다. 황혼 이혼 청구 건수의 약 40%가 남편들, 즉 아내와 자녀들로부터 따돌림 당해 소외 痛(통)을 앓는 남편들이기 때문이다.

경제적인 문제도 있지만 황혼 이혼 원인의 대부분은 상대 배우자로부터의 무시와 학대, 경멸, 따돌림, 폭언과 폭력에 있다. 젊었을 때 참지 못하고 이혼하는 사람들도 있지만 자녀들 때문에 못 하는 사람들이 많다.

그러다 자녀들이 다 성장하고 나면 더 이상은 못 참겠다며 황혼 이혼을 결행하는 거다. 그런 사람들 40%가 남편들이라는 것이다.

3040 부부들 역시 마찬가지다. 행복한 부부가 되려면 상대가 하는 일의 가치를 인정해 주는 것은 물론 성격, 습관, 소통 방식 등 서로 다름을 인정하는 것이 매우 중요하다. 그런데 만약, 아내가 퇴근 후 집으로 출근해 애들 돌보랴, 저녁 준비하랴 무척 힘든데 남편이 일곱 마리 소를 팔기는커녕 다음과 같이 말한다면 어떨까?

"다른 여자들은 직장 다니면서도 애들 잘 키우고 살림도 잘하더라."

그러면서 도와 줄 생각은 안 하고, 주말에도 약속이 있다면서 외출해 버리면 어떨까? 화가 단단히 나서 마음의 문을 쾅 소리 나게 닫아버릴 것이다.

반면 맞벌이 워킹맘 노릇 하느라, 회사 일 하느라 녹초가 됐으니 퇴근 후든 주말이든 모든 가사는 힘 좋은 당신이 해라. 이렇게 선언하고 나서 툭하면 사우나 다녀와서 침대에서 빈둥거리는 아내가 있다면 어떨까? 황당해하는 남편을 향해 "아니꼬우면 당장 회사 때려치울 테니 돈 많이 벌어 오든가."라는 말을 하면서.

전자의 아내와 후자의 남편 모두 무척 화가 날 것이다. 폭발할 수도 있다. 이 모든 게 상대를 인정해 주지 않는 데서 비롯된다.

상대를 인정해 주지 않으면 나를 받아들이게 만들 수 없다. 나는 상처 받지 않겠지만 상대에게는 깊은 상처를 줄 수도 있다. 내가 무슨 말을 해도 공감이 가지 않을 것이기 때문이다. 그러므로 내가 상처 받고 싶지 않으면 상대가 하는 말, 하는 일을 먼저 인정해 주는 게 매우 중요하다. 그 상대가 배우자가 됐든, 일처리가 미숙한 부하직원이 됐든.

그 다음은 존중이다. 상대를 이해해 주는 배려보다 인정해 주는 배려, 더 나아가 존중해 주는 배려를 해야 한다. 이해해 주지 않는다고, 인정해 주지 않는다고 폭발하지는 않는다.

박영수 부장 부부가 그렇다. 갈등하고 불만이 쌓이기는 했지만 서로를 아빠와 가장, 엄마와 주부로서 존중은 하고 있다. 그렇기 때문에 폭발하지는 않는 것이다.

앞서 자녀의 자존감을 존중해줘야 한다고 했다. 배우자의 자존감역시 마찬가지다. 아니, 반드시 존중해 줘야 한다.

자존감이 존중받지 못할 때 폭언과 폭력, 이혼 등의 방식으로 폭발할 가능성이 높다. 배우자의 마음에 공감이라는 긍정의 잔고 대신, 반감이라는 부정의 잔고가 가득 차있을 것이기 때문이다.

상사 역시 마찬가지다. 부하 직원의 자존감만은 반드시 존중해 줘야 한다. 자존감이 존중받지 못할 때 반란(상사에 대드는 걸 말함), 항명, 태업, 퇴사 등의 방식으로 폭발하기 때문이다.

10

공감 특효약,
눈물

    슬픔을 나누면서 같이 우는 것도 상대의 공감을 이끌어내는 매우 유용한 원천이다. 아니, 특효약이라 할 수 있다. 눈물이란 공감의 잔고는 웃음보다 그 약효가 더 깊고 오래가기 때문이다.

    대표적인 예를 들어 보자. 2014년 4월에 온 국민을 울게 만든 사건이 있었다. 지금도 잊히지 않고 우리의 가슴을 아리게 하는 세월호 침몰 사건이다. 이 글을 빌려 희생되신 분들과 유가족분들께 다시 한 번 깊은 애도를 표한다.

    여기서 언급하고자 하는 건 바로 공감을 이끌어내는 소통 방식에 대한 것이다. 당시 박근혜 대통령의 유가족 및 국민과의 소통 방식에 대해 어떤 느낌이 들었는가? 공감이 되었는가? 소통이란 관점에서 지켜보지 않아서 그런지 잘 모르겠다는 사람들이 대부분이다.

    필자가 느낀 건 슬픔에 잠긴 유가족은 물론, 국민의 공감을 충분

히 이끌어내지 못하시더라는 것이다. 팽목항도 방문하시고 비통한 표정으로 기자 회견을 열어,

"비참하고 참담한 마음이다. 어떻게 이런 일이 일어날 수 있나. 해경을 해체하겠다. 책임을 반드시 묻겠다…."

등의 말씀도 하셨지만. 그 상황에선 백 마디, 천 마디의 위로와 대책이 중요한 게 아니다. 가장 먼저 하셨어야 하는 일은 유가족분들, 온 국민과 슬픔을 함께 나누는 것이었어야 했다. 코네티컷 주 총기난사 사건 때 희생된 초등생들을 추모하면서 눈물을 흘린 오바마 전 대통령처럼. 그 눈물이 의도된, 연출된 것일지라도 관계없다.

백 마디, 천 마디 말이 필요한 게 아니다. 가장 먼저 했어야 하는 일은 유가족분들의 손을 잡고서 같이 하염없이 눈물을 흘리는 것이었어야 한다. 그랬더라면 소통을 정말 잘하는 대통령, 더 나아가 성공한 대통령이란 말도 들을 수 있었지 않았을까? 물론 당시 대통령께서도 현장에 가서서, 그리고 기자회견 할 때도 눈물을 흘리셨다. 그러나 아쉬운 점은 국민들의 공감을 이끌어내기에는 턱없이 부족했다는 것이다.

박 전 대통령께서 유가족분들 손을 잡고서 같이 우시는 모습이 TV나 신문, 인터넷을 통해 많이 노출됐더라면 어땠을까? 많은 국민들 마음속에 공감이라는 긍정의 잔고를 차곡차곡 쌓을 수도 있었을 것이다. 하야와 탄핵 인용을 촉구하는 촛불 시위를 보면서 펑펑 울었다 한들 무슨 소용이 있을까?

눈물 중 효과가 큰 게 남자의 눈물이다. 아무래도 여자들보다는 희소성이 있기 때문이다. 그런 관점에서 K은행에서 부지점장으로 근무 중인 남태하(가명, 46세) 씨의 사례를 소개한다.

남자의 눈물은 공감의 특효약

〈 3개월 전이었다. 회사에 다니는 친구로부터 저녁이나 같이 하자는 연락이 왔다. 같이 삼겹살을 먹으면서 언젠가 희망퇴직하면 뭐하며 살 건지 등 이런 저런 얘기를 나눴다. 그러나 친구의 관심은 딴데 있었다. 소주 2병을 비우고 나서야 하고 싶었던 얘기를 털어 놓았다.

자신의 어머니 얘기였다. 아버지가 중3때 돌아가셨고 어머니께서 농사를 지으며 어렵게 4남매를 키우셨다고 했다. 맏이였던 친구는 고생하시는 어머니 농사일을 돕느라 중학교 졸업하고서 1년을 쉬었다는 얘기도 했다. 꽤 친한 친구였지만 처음 듣는 얘기였다.

그런 어머니를 한 달 전에 요양병원에 모셨다고 했다. 여든 다섯 나이에 겨우 겨우 자신만 알아보실 뿐, 가족들에게 "누구세요?"라고 하실 정도로 치매가 심하셨기 때문이랬다.

영 내키지 않았지만, 그렇게 하지 않으면 이혼하겠다는 아내의 최후통첩을 받고 나서 어쩔 수 없이 결정을 내렸다고 말했다. 물론 동생들도 찬성했다고 했다. 말하는 도중에 "어머니께 효도 한 번 제대로 못했는데…."라며 여러 차례 울먹였다.

결국 요양병원에 어머니를 모셔다 드렸다고 했다. 집에서 출발해

차를 몰고 가는 동안 죄책감에 한마디도 할 수가 없었단다. 오히려 어머니께서 자신을 이렇게 위로하셨더랬다.

"상백아, 너무 걱정하지 말거라. 요양병원에서 새로운 친구들도 만나고 좋지, 뭐. 즐겁게 지낼 테니 걱정하지 말거라. 바쁠 테니 난 신경 쓰지 않아도 된다."

그렇게 의연한 태도를 보이시던 어머니도 작별 인사를 할 때는 눈물을 글썽이시더랬다. 쏟아지는 눈물을 억지로 참느라 잘 가라며 손을 흔드시던 어머니의 모습도 제대로 보지 못하고 도망치듯이 승용차로 돌아왔다고 했다. 그리고 승용차 안에서 목을 놓아 펑펑 울었다며 눈물을 뚝뚝 떨어뜨렸다.

집에 돌아와서도 어머니를 요양병원에 모신 게 마음에 응어리로 남더라고 했다. 고려 시대에 있었다는 고려장과 무엇이 다른가라는 생각도 계속 떠오르더라고 했다. 그래선지 밥을 먹어도 그 응어리 위에 얹혀 있는 것 같더라면서.

자신은 그렇게 괴로워하는데도 아내는 잘 모셔다 드렸냐는 말 외에는 어머니에 대해 더 이상 묻지 않더란다. 그런 아내의 모습을 볼 때마다 억장이 무너지는 것 같더라는 말도 했다.

누구한테 하소연이라도 하지 않으면 가슴속 응어리가 터져버릴지도, 미쳐버릴지도 모르겠다는 생각도 들었고. 혼자서 고민 고민하다 내 생각이 나더랬다. 그렇게 마련된 저녁 겸 술자리였던 것이다.

어머니 얘기를 하던 그 친구가 갑자기 감정이 복받치는지 주위는 아랑곳하지 않고 펑펑 울기 시작했다. 나는 남자가 그렇게 펑펑 우는 모습을 처음 봤다. 나도 절로 눈물이 흘러내렸다. 10년 전에 어머니를 요양병원에 모셨던 게 생각이 났기 때문이다. 그런 내 모습을 보더니 그 친구가 두 손을 꼭 잡고서 말했다.

"이거 주책없이 눈물을 보였다. 미안하다. 하지만 태하야, 정말 고맙다."

친구에게 말했다.

"친구야, 맘 놓고 펑펑 울거라. 나도 10년 전에 많은 눈물을 흘려봤다. 어머니 뵈러 갈 때마다 '태하야, 오늘은 집에 데려가려고 왔니? 태하야! 나, 집에 가고 싶다. 집에 가면 네 집에서 열 밤만 자고서 네 형님 집으로 갈 거다'라고 말씀하셨거든. 그렇게 어머니 뵙고 올 때마다 얼마나 울었는지 모른다. 네가 지금까지 흘린 눈물이 한 되라면, 내가 흘린 눈물은 족히 서너 말은 될 것이다."

라는 말을 해주면서. 그리고 나서 둘이서 어머니 생각에 뜨거운 눈물을 펑펑 쏟으며 울었다.

그 뒤로 그 친구와 나는 예전보다 훨씬 더 가까운 사이가 됐다. 같이 울었다는 사실만으로 교감이 이루어졌기 때문이다. 진정한 소통이란 바로 이렇게 마음과 마음으로 하는 것 아닐까? 〉

먼저 웃는 것, 잘 웃는 것은 상대의 호감을 얻을 수는 있다. 그러나 공감을 이끌어내는 데는 한계가 있다. 하지만 같이 우는 건 가능하다. 웃는 것에 비해 훨씬 더 파워풀한 공감 소통법, 아니 특효약이기 때문이다. 그래서 대인관계에 능한 사람들은 경사보다 애사를 특히 더 잘 챙기는 것이리라.

11

통(通)하랬더니
되레 통(痛) 주는 상사들

우리나라 직장 내 소통은 원활한 편일까? 모 취업 포털사이트 조사 결과에 의하면 그렇지 못한 편이다. 직장인 중 약 60%가 자신의 직장 내 소통이 원활하지 않다고 생각한다. 그렇다면 그 이유는 무엇일까? 다음과 같은 3가지다.

'수직적인 조직 문화'

'이슈가 공유되지 않는 사내 커뮤니케이션 시스템'

'과도한 업무'

이번에는 사람을 기준으로 생각해 보자. 팀장, 본부장, CEO 같은 상사의 책임이 더 큰 걸까? 아니면 부하 직원들에 더 큰 책임이 있는 걸까? 이 같은 질문을 던지면 답변이 엇갈린다. 대리급 이하 직장인들은 단연 상사를 꼽는다. 다음과 같은 말을 하면서.

"상사~~. 툭하면 호통치고 욕하는 버럭 상사나 수직적 소통 문화가 몸에 밴 상사에게 더 많은 책임이 있는 거 아닌가요?"

일리 있는 말이다. 많은 직장인들이 상사 痛(통)으로 상처 받기 때문이다. 심한 경우 1장에서 소개했던 안정혜 대리처럼 병원 치료를 받는 직장인들도 있다. 중도에 퇴사하는 직장인들 80%가 상사와의 갈등 때문이란 통계도 그들의 주장을 뒷받침하고 있다.

그래서일까? '누가 좋은 리더인가?'라는 질문에 '상하 간 소통이 원활한 리더'가 1위를 차지했다(취업 포털 잡 코리아가 tvN과 함께 1,154명의 직장인과 취준생 등을 대상으로 한 설문조사 결과임).

반면 부서장급 이상 상위 직급자들은 부하 직원을 꼽는다. 소통 스킬이 부족한 데다 기업의 소통 문화나 상사의 소통 스타일에 적응하려는 대신 혼밥, 혼술 족처럼 마이 웨이를 고집하는 부하 직원들이 많다는 말을 하면서.

아니다. 상사 책임이 더 크다고 할 수 있다. 수직적이고 권위적인 소통 스타일이 말과 행동을 통해 은연중에 표출되기 때문이다. 소통 스킬이 부족한 부하 직원을 코칭해야 할 책무가 상사들에게 있다는 것도 중요한 이유이다.

상사 痛(통)으로 정신과 치료까지 받는 직장인들이 있을 정도인데도 자신은 소통 잘하고 있다고 착각하는 상사들이 많다는 것도 근본 문제 중 하나다(상사 痛: 상사와의 소통 문제로 부하 직원이 받는 상처와 고통을 말함).

그렇다면 상사 痛(통)을 유발하는 상사들에는 어떤 유형이 있을까? 다음과 같은 5가지 유형이 있다.

'오리발형'
'꼰대형'
'하이에나형'
'개저씨형'
'뒷담화형'

이처럼 잘 通(통)하랬더니 되레 痛(통) 주는 상사들 유형이 5가지나 있다.

잡 코리아와 tvN의 '나쁜 리더'에 대한 조사 결과도 위 5가지 유형의 상사들과 일치한다. '오리발형'인 말을 바꾸는 상사(45.8%)와 팀과 팀원의 실수에 책임지지 않는 상사(42%)가 1, 2위를 차지했다. '꼰대형'인 권위적인 상사(39.9%), '하이에나형'인 부하 직원의 공을 가로채는 상사(33.4%)가 그 뒤를 이었다.

그 외에도 툭하면 화내고 욕하는 등으로 인해 소통이 안 되는 '개저씨형' 상사, '뒷담화형' 상사들도 상사 痛(통)을 주는 나쁜 리더의 유형에 속한다.

이렇게 소개하면 뒷담화형이 왜 痛(통) 주는 상사인지 이해가 안 간다는 이들이 제법 있다. 뒷담화형은 부하 직원 앞에서는 인정해주고 칭찬도 한다. 하지만 다른 사람 앞에서는 그 부하 직원에 대해 험담을 하거나 그 사람과 나눈 이야기를 제3자에게 전파하는 유형의 상사를 말한다. B사 전직 인사 팀장의 사례를 통해 알아보자.

〈 제가 인사팀장 때 얘기입니다. 당시 CEO 되는 분이 차나 한 잔 하자면서 가끔씩 저를 불렀습니다. 사내 주요 현안이 있을 때 여론을 수렴하려고 말입니다. 그럴 때마다 저는 인사팀장으로서 이런 의견, 저런 의견, 요런 의견도 있다고 말씀드렸습니다. 그럼 그 분이 꼭 되묻습니다. 이런 의견은 누가, 요런 의견은 누가 말하더냐고 말입니다. 저는 완전 객관적인 관점에서 진언을 드렸습니다. CEO께서 사내 여론을 정확하게 파악하시라는 충정에서 말이죠.

그런데 얼마 지나지 않아 그분이 저와 나눈 이야기를 당사자에게 피드백 해준다는 걸 알았습니다. 그 당사자 중 여럿으로부터 '섭섭하다, 그럴 줄 몰랐다….'는 식의 불만과 항의를 듣고 나서 말이죠.

그런 일을 두세 차례 겪고 나서부터 전 그 CEO와는 일상적인 커뮤니케이션만 했습니다. 제 마음의 문은 닫아 버렸습니다. 그 양반의 뒷담화에 뒤통수 맞을 게 뻔했으니까요. 〉

이제 이해가 됐을 것이다. 인사팀장과 잘 通(통)하는 대신 되레 痛(통)을 준 CEO의 사례니 말이다. 그렇더라도 부하 직원 입장에서는 어떤 유형의 상사와도 소통을 잘해야 한다. 어떤 소통법이 있을까? 무시, 회피, 반란, 인정, 극복 등 5가지가 있다.

무시는 상사가 화내고 욕할 때 겉으론 죄송하다고 말하지만 속으론 '너, 짖을 테면 얼마든지 짖어라….' 식의 대응이다. 회피는 소나기는 일단 피하라는 걸 말한다. 위 인사팀장의 대응도 회피에 속한다. 반란은 痛(통) 주는 상사에게 "도대체 제가 뭘 잘못한 겁니까."라며 대들거나 "그 일은 못 하겠습니다."는 항명식의 대응을 말한다.

그러나 이상의 3가지는 직급이 낮은 직장인들의 바람직한 소통법이라 할 수 없다. 아무리 '개저씨에나형' 상사일지라도 그렇게 대응하면 관계가 최악의 상태로 악화될 수밖에 없다. 당사자 역시 회사 내에서 좋지 않은 평판을 받게 될 가능성이 높다.

5가지 소통법이 있으니 그중 하나를 선택해도 된다는 뜻이 결코 아니다. 그럼에도 소개를 한 건 실제 상황이 되면 그런 식으로 소통하는 직장인들이 의외로 많기 때문이다.

痛(통) 주는 상사와 잘 소통하는 방법으로 중요한 건 인정과 극복이다. 상사가 어떤 말이나 지시, 행동을 하더라도 일단 인정하는 게 필요하다.

물론, 부당한 지시나 성추행과 같은 인권 침해성 언행도 인정하라는 건 결코 아니다. 그런 언행이 아니라면 일단 그 자리에서는 '알겠습니다.'라고 인정하라는 거다. 그런 다음에 슬기롭게 극복해야 한다. 적당한 타이밍에 자신의 의견을 개진하는 게 효과적이다. 물론 변명이나 핑계란 인식을 갖게 해서는 안 된다.

공감을 이끌어 낼 수 있는 객관적이고 합리적인 근거를 제시하는 게 필수다. 상사의 마음의 문이 열릴 수 있도록 말이다.

12

상사가 나를 받아들이게
만드는 기술

상사와 갈등 없는 직장인은 없다. 그래서 소통 전문가들은 '상사와 어떤 갈등이 있느냐.'고 묻는 대신 '상사와의 갈등은 어떻게 푸느냐.'라고 묻는다.

이 질문에 대한 답은 무얼까? 내게 상처를 주는 어떤 유형의 상사와도 소통을 잘해야 한다는 것이다. 방법은 공감을 이끌어내는, 즉 상사가 나를 받아들이게 만드는 부하 직원이 되는 것이다. 다음과 같은 4가지 방법이 있다.

〈상사가 나를 받아들이게 만드는 기술 4가지〉

1. 보고를 잘하라

2. 상사의 기대보다 더 많은 일을 하고 더 높은 성과를 내라

3. 상사와 열정적으로 어울려라

4. 리액션을 잘하라

(1) 보고를 잘하라

리액션은 호감뿐 아니라 공감을 이끌어내는 데도 유용한 솔루션이다. 리액션에 대해서는 2장의 '리액션의 달인이 되는 법'에서 이미 언급했다. 그러므로 1, 2, 3번 항목이 왜 상사가 나를 받아들이게 만드는 기술인지 알아보자. 먼저 보고를 잘하는 기술이다.

상사들 대부분은 '나는 소통 잘한다. 소통이 안 된다면 그건 99% 내 탓이 아니라 네 탓이다.'라고 착각한다. 문제는 이 같은 착각 通(통) 상사들과도 잘 통해야 한다는 것이다. 그 방법 중 하나가 보고를 잘하는 것이다.

어느 직장에서나 화를 내고 때로는 욕까지 하는 상사들을 제법 볼 수 있다. 그들은 왜 화를 내는 것일까? 일이 잘못됐기 때문일까? 그런 경우도 물론 있다. 그러나 대부분의 경우는 결과보다는 과정이 잘못된 원인이 더 크다.

보고를 제대로 받지 못했다는 이유가 더 크다는 것이다. 왜 이 같은 일들이 빈번하게 발생하는 걸까? 부하 직원들이 보고의 중요성을 간과하기 때문이다.

부하 직원들은 보통,

'추진하던 일이 다 끝나면 보고해도 되겠지.', '일이 별로 진행된 게 없으니 나중에 보고해야지.'

라는 생각을 한다. 그러나 상사의 생각은 다르다. 부하 직원이 추진하는 일이 잘 진행되고 있는지 궁금해한다.

'일이 어떻게 돼 가는지 오늘쯤에는 보고를 해 줘야 할 텐데….'

라며 기다리는 상사들이 많다. 그러다 아무리 기다려도 보고가 없으면 부하 직원을 불러 진행 상황에 대해 묻는다. 이런 상황이 되면 좋은 말이 오갈 확률이 낮다. 특히 일이 잘 진행되지 않았을 경우에는 화를 내거나 욕을 할 확률도 높다.

중간보고를 거의 안 하는 직장인이라면 꼭 새겨 들어야 할 대목이다. 팀장이 화를 내는 이유가 팀장에게만 있다고 생각하면 착각이다. 그렇다면 보고는 언제, 어떻게 하는 게 잘하는 걸까?

보고는 타이밍이란 말이 있다. 착수 보고, 중간보고, 완료 보고의 형태로 하는 것이 좋다. 착수 보고는 간단히 구두 보고로도 가능하다. 하지만 중간보고와 완료 보고는 보고서 형태로 하는 게 좋다.

중간보고는 완벽한 보고서 형태가 아니어도 좋다. 그래도 보고서의 형식을 갖추는 게 좋다. 또한 중간보고는 한 번으로 끝내지 말고 필요할 때마다 수시로 하는 것이 좋다. 상사의 견해나 의견을 들을 수 있기 때문이다.

대면 보고만을 고집하는 것도 바람직하지 않다. 타이밍을 놓칠 가능성이 있기 때문이다. 그러므로 이메일을 통한 보고도 꼭 필요하다. 어쨌든 보고는 자주 할수록 좋다. 특히 나쁜 상황에 대한 보고일 경우는 더욱 그렇다. 상사의 의견을 반영하면 상황이 더 악화되기 전에 신속하게 대응할 수 있기 때문이다. 나중에 결과를 놓고 서로 얼굴 붉히는 일을 사전에 방지할 수 있다는 점은 덤이다.

보고 잘하는 요령도 중요하다. 상사에게는 결론을 먼저 보고해야 한다. 서론, 본론 식으로 보고가 진행되면 상사는,

"잘 알고 있으니 결론을 말해 보게."

라고 말하는 경우가 대부분이다. CEO가 보고받을 때는 돈이 얼마 들어가고 얼마가 남느냐는 것만 확인하는 경우도 있다. 그러므로 절대 장황하게 개요와 추진 과정이 어쩌고저쩌고 하는 식으로 보고하지 마라.

상사가 관심을 갖고 있는 것부터 보고하되, 논쟁을 하지 않는 것도 중요하다. 상사가 잘못 알고 있거나 설령 틀렸다 하더라도 그 자리에서는 일단 긍정하고 찬성하는 것이 좋다. 리액션의 기술에서 강조했듯이 상사가 나를 받아들이게 만드는 데 있어 절대적으로 유리하기 때문이다.

상사는 자신이 궁금해하는 부분에 대해 대안을 갖고 보고해 주기를 원한다. 그러므로 보고 전에 상사의 예상 질문 리스트를 만들고 그에 대한 답변도 미리 준비하는 것이 좋다.

(2) 상사의 기대보다 더 많은 일을 하고 더 높은 성과를 내라

상사가 당신을 받아들이게 만드는 가장 파워풀한 방법일 수 있다. 더 많이 일하고 기대보다 더 높은 성과를 내면 예쁠 수밖에 없지 않을까? 다른 직원한테 화를 내다가도 그런 부하 직원이 오면 표정이 달라질 것이다.

그러나 대부분의 직장인은 그렇게 하지 못한다. 그럴 마인드와 능력이 부족하기 때문이다. 문제는 그럴 능력이 되는데도 그렇게 하지 않는 직장인도 있다는 거다. 그런 부하 직원을 둔 상사들은 다음과 같이 하소연한다.

"여력이 충분한데도 더 하려 하지 않는 직원이 있습니다. 그가 조금 더 해줘야 우리 팀 목표가 달성되는데 말이죠. 목표에 미달한 사람보다 더 얄미울 때가 한두 번이 아닙니다."

이런 부하 직원에게는 얄밉다는 부정의 잔고가 쌓인다는 거다. 그런데 생각해 보라. 팀장 자신의 기대보다 언제나 더 높은 성과를 올려 주는 팀원이 있다면 얼마나 예쁠지. 이와 관련한 사례를 소개한다.

〈 세계적인 주차 빌딩 설계 회사 중에 '팀 하스'라는 곳이 있다. 열두 살 때 부모를 따라 미국으로 이민 간 재미 동포 하형록 회장이 그 회사의 CEO다. 그의 성공 비결은 남보다 하나 더 하는 것이다.

그가 '팀 하스'를 창업하기 전에 유명 주차빌딩 설계 회사에 입사해 일했을 때 얘기다. 그는 상사가 100을 하라고 하면 언제나 110을 했다. 업무 성과만 그런 게 아니다. 단순한 심부름을 할 때도 마찬가지였다. 상사가 물을 가져오라 하면 냅킨까지 챙겨서 가져가는 식이었다. 이렇게 일하는 그에게 화내고 욕하는 상사가 과연 있을까?

그런 마인드로 일하다 보니 그는 자신이 일하던 세계적인 주차빌딩 설계 회사의 임원이 됐다. 그 회사 창사 이래 최연소인 스물아홉이란 젊은 나이에. 〉

역시 성공한 사람들은 다르다. 물 가져오라는데 냅킨까지 챙기는 그런 마인드 말이다. 안정혜 대리처럼 열심히 하는데도 상사로부터 질책을 듣거나 심할 경우, 욕설도 듣는 직장인들이 꼭 새겨들었으면 하는 사례다.

회사나 상사가 원하는 것보다 더 높은 성과를 내기 위해서는 4가지 솔루션이 있다.

'지금까지와는 물론 남과도 다르게 할 것, 대인관계의 달인이 될 것, 빚진 상태를 많이 만들 것, 스스로 찾아오도록 만들 것'이다.

이 4가지는 누구를 상대로, 어떤 일을 하든 절대적으로 필요한 솔루션들이다. 여기서는 소통과 관련이 있는 대인관계의 달인이 되는 접근법에 대해 알아보자.

(3) 상사와 열정적으로 어울려라

대인관계의 달인이 되라는 건 어떤 의미일까? 상사뿐 아니라 직장 동료, 가족, 고객, 친구 등 주변 사람들과도 잘 어울리라는 걸 말한다. 4장에서 다룰 예정이다. 여기서는 상사와 잘 어울리는 법에 대해 소개한다.

상사가 나를 받아들이게 만드는 가장 좋은 방법 중 하나가 스포츠나 취미, 문화 활동 등을 통해 어울리는 것이다. 이 방법은 상사의 마음의 문을 여는 솔루션 중 약효가 가장 잘 먹히는 방식이다.

생각해 보자. 마라톤을 좋아하는 상사와 풀코스를 같이 뛴 다음, 사우나를 같이 하고 나서 맥주잔을 부딪친다면 어떨지 말이다. 물론 상사 얼굴 쳐다보기도 싫다는 직장인들도 많은 편이다. 그들에게 그렇게 하라고 하면,

"사무실에서 상사 얼굴 보는 것도 지겨워 죽겠는데, 뭐? 주말이나 퇴근 후에 취미 활동을 같이 하라고? 내가 미쳤냐? 나도 등산 좋아하지만 그 양반이 산악회 회원이라서 아예 산악회 근처엔 얼씬도 안 한다는 것 몰라? 꼭 그렇게까지 해야 돼?"

라는 식으로 거부하는 직장인이 대부분이다.

물론 판단은 자기 몫이다. 하지만 그런 생각을 갖는 사람들을 위해 꼭 해주고 싶은 말이 있다. 하나는 그렇게 실천하는 사람들이 제

법 많다는 것이다. 다른 하나는 그런 성격으로는 직장 생활 오래 하기 어렵다는 것이다. 만약 회사에서 희망퇴직을 실시하면 1순위로 대상자가 될 확률이 높기 때문이다.

직장 생활 5~10년 하다 창업할 계획이 있는 사람이라도 마찬가지다. 그 상사와 언제, 어떤 인연으로 다시 만나게 될지 모르는 게 인생사다. 그런 편협한 사고를 가지고는 무슨 일을 해도 성공하기 어렵다는 사실을 명심하기 바란다.

그러니 대한민국의 모든 직장인들이여! 다음의 말을 부디 기억하라.

'승진도 연봉도, 희망퇴직 대상자 선정도 모두 상사의 판단에 달려있다. 물론 상사가 반드시 승진을 시켜줄 수는 없다. 그러나 방해하는 건 100% 가능하다.'

상사와 좋은 관계를 맺어 손해 볼 것 하나도 없다는 사실을 명심하시기 바란다.

13

눈높이 소통,
부하 직원 마음의 문을 여는 기술

직장 내에서 소통이 잘 안 되는 이유가 부하 직원 탓인 경우도 많은 편이다. 그들의 소통 마인드, 소통 문화에의 부적응, 보고와 같은 소통 기술 부족 등 탓이다. 그로 인한 부하 痛(통)으로 스트레스 받는 상사들도 제법 많다. 그래도 상사는 소통을 잘해야 한다. 좋은 리더 1위가 소통 잘하는 상사이니 말이다.

그런 상사가 되려면 어떻게 해야 할까? 부하 직원들에 상처를 주지 않고 잘 通(통)하는 상사가 돼야 한다. 어떻게 해야 할지 생각해 보자.

필자도 소통 관련 교육을 자주 나가는 편이다. 부서장 이상 간부 사원 대상 소통 교육의 주제 중 하나가 '착각하지 마 소통'이다. 교육 시작 서두에 다음과 같은 질문을 던진다.

"귀 부서의 소통은 안녕하십니까?"

대부분의 부서장들은 자기 부서 내 소통은 잘 된다고 말한다. 그래도 한두 가지 고민은 있지 않느냐고 말하면 그때서야 고충을 털어 놓는다. 부서 내 소통 분위기를 깨는 몇몇 부하 직원들 때문에 자신들도 스트레스 받는다는 것이다.

"어떤 직원들이 그렇다는 겁니까?"

라는 질문을 던지면 마인드와 태도, 업무 능력 면에서 문제가 있는 다음과 같은 3가지 유형의 직원들이 그렇다고 답한다.

'외로운 늑대형'
'놀기 좋아하는 베짱이형'
'무능한 꿀벌형'

'외로운 늑대형'은 마인드 면에서 부서 내 소통 분위기를 깨는 유형이다. 내 할 일만 다하면 됐지, 왜 부서 사람들과 어울려야 하느냐고 말하는 유형의 직원을 말한다. 그들은 부서 회식도 갖가지 핑계를 대고 빠지려 한다. 참석하더라도 문제가 되는 편이다. 물 위의 기름처럼 겉돌아 오히려 회식 분위기를 깨기 때문이다.

물론 회식이 부서 내 소통을 좌지우지하는 변수는 아니다. 그러나 영향을 미치는 변수인 것만은 분명하다. 직장도 하나의 관계 사회이기 때문이다.

외로운 늑대들은 그런 인식이 전혀 없다. 당연히 동료든, 선·후배든, 상사든 전혀 의식하지도 배려하지도 않는다. 혼밥, 혼술, 혼일, 혼놀 족 성향이 있다는 공통점도 있다.

'놀기 좋아하는 베짱이형'은 태도 면에서 문제가 많은 직원을 말한다. 툭하면 지각하면서 퇴근 시간과 휴일은 칼같이 챙긴다. 근무 시간에 자주 자리를 비우고 휴게실에서 커피 마시며 뒷담화에 더 열심인 직원들도 해당된다.

'무능한 꿀벌형'은 업무 능력이 떨어지는 직원을 말한다. 그들의 공통점은 일은 열심히 하지만 성과는 좋지 않다는 것이다. 때로는 엉망으로 만들어 놓는다. 보고조차 제대로 안 하고 몇 번씩 피드백을 줘도 나아질 기미를 보이지 않는다.

이 같은 3가지 유형의 직원들 탓에 부서 내 소통 분위기가 엉망이 된다는 것이다. 어쨌든 부하 직원들 탓이 더 크다는 말이다. 다음과 같은 이유를 들면서.

'그와 같은 부하 직원들을 보면 따끔한 질책을 할 수밖에 없다. 한 두 번 좋은 말로 타이르고 지시를 해도 고쳐지지 않기 때문이다. 그러다 화내고 욕하는 부서장들도 가끔씩 있더라. 나도 그 심정이 이해가 갈 때가 많다.'

그러나 상사로서의 이 같은 소통관은 잘못된 것이다. 부서 내 소통이 안 되는 것이 결국은 상사들이 부하 직원들을 존중하는 마인드가 부족한 게 근본 원인이기 때문이다. 존중하는 마인드가 부족하니까 코칭 하기를 포기한 채 화부터 내고 심할 경우 욕까지 하는 것이다.

아무리 부하 직원이 잘못했어도 그 자리에서 버럭 소통은 절대 하지 말아야 한다. 부서장이 그렇게 하면 부서 내 소통 분위기는 남극 대륙처럼 얼어붙기 때문이다. 다음과 같은 반론을 펴는 부서장들도 있다.

"여러 차례 지적을 하고 코칭을 해줘도 실수를 반복하거나 보고를 안 하거나, 일보다는 뒷담화에 더 열심인 구제불능 부하 직원들한테는 어쩔 수 없지 않을까요? 나 자신도 상사 痛(통)으로 고통 받는데 그런 부하 직원들 탓에 유발된 부하 痛(통)까지 떠안으라는 건 너무 가혹한 것 아니냐는 겁니다."

일리 있는 말이다. 그래도 리더는 참는 게 상책이다. 그렇게 해야 하는 2가지 이유가 있다. 하나는 앞길이 구만 리같이 창창한 부하 직원을 위해서다. 부하 痛(통)을 유발하는 부하 직원이라도 결코 미워해서는 안 된다.

아무리 일을 잘하라는 뜻으로 그랬더라도 소리 지르며 화내고 욕까지 하면 그 부하 직원이 어떤 반응을 보일까?

'이건 너무하는 것 아냐? 지가 팀장이라지만 나의 자존감을 이렇게 짓밟아도 되는 거야? 당장 때려치우고 싶지만, 참는다 참아….'

대부분 이런 반감을 갖는다. 그 뒤부터는 자신의 마음의 문을 쾅 소리 나게 닫아버린다.

부하 직원은 누구나 큰 실수든 작은 실수든 하게 마련이다. 그런다고 절대 버럭 하고 화부터 내지 마라. 부하 직원의 반감을 사는 것은 물론, 주눅 들게 만들어 창의성의 싹을 자르는 행위이기 때문이다. 다음과 같은 3단계로 대응하는 게 좋다.

1단계: 일단 참아라. 그런 다음, 옥상에라도 올라가 화를 누그러
뜨려라.
2단계: 그 부하 직원을 불러 잘한 점을 인정해 줘라. 아무리 일을
잘못 처리했더라도 잘한 점 또한 반드시 있기 때문이다.
3단계: 부드러우면서도 단호한 목소리로 잘못된 부분과 시정할
내용을 피드백해 줘라. 다음번에 똑같은 실수를 저지르지
않도록. 단, 이때도 부하 직원의 자존감만큼은 반드시 존
중해 줘야 한다. 예를 들면, "지잡대 나온 놈들은 어쩔 수
없구먼…."이라는 말을 해서는 절대 안 된다.

다른 하나는 자기 자신을 위해서다. 화를 내면 수십만 개의 뇌세포가 파괴된다고 한다. 그러므로 자신의 건강을 위해서도 절대로 화

를 내서는 안 된다.

물론 부하 痛(통)을 다스리는 법이 부하 직원에게 화내지 않는 것만이 전부는 아니다. 더 중요한 게 있다. 부하 직원들의 반대와 비판을 받아들일 줄 아는 상사가 돼야 한다는 것이다.

대표적인 예가 회의 문화다. 대부분의 회의는 상사의 일방적인 아이디어와 주장들로 결론이 내려진다. 설사 상사의 주장이나 판단이 잘못됐어도 누구 하나 나서서 반대와 비판을 하지 않는다.

왜 조직 내에서 이 같은 수직적인 소통 문화가 대세일까? 상사의 지시와 명령에 무조건 따라야 한다는 권위주의적 사고가 알게 모르게 고착화돼 있기 때문이다.

부하 직원이 상사라는 직책을 받아들이게 만들어서는 안 된다. 어떤 사안이든 반대와 비판, 대안 도출을 위한 토론이 활발하게 펼쳐지도록 해야 한다. 신입 직원이라도 잘못된 부분에 대해 문제를 제기할 수 있어야 한다. 이 같은 수평적 소통 문화 구축이 부하 직원들이 나를 진정으로 받아들이게 만드는 길이자 창의적인 조직을 만드는 길이다. 부하 직원을 부속품이나 소모품 취급하지 않고 진정한 동반자로 배려하고 존중하는 것도 중요하다.

'한 번 해병은 영원한 해병!'이란 말처럼, '한 번 부하 직원은 영원한 동반자!'로 생각해야 한다는 뜻이다.

말은 그렇게 하면서도 행동은 그렇게 하지 않는 상사들이 많은 편이다. 최근 들어 이슈가 됐던 부서 단체 채팅방이 좋은 예다. 단체 채팅방은 분명 팀원, 부서원들 간 소통을 잘하겠다는 목적으로 만들어진다. 잘 운영이 되면 분명 효과가 있다.

그러나 현실은 그렇지 못한 편이다. 주말이나 밤늦은 시간에 울려대는 메신저 알림 소리 탓에 스트레스는 물론, 사생활까지 침해받는다는 직장인들이 많다. 업무와 전혀 관련 없는 글이나 맛집, 여행, 공연 사진 등으로 도배되는 것도 문제다.

왜 그런 걸까? 상사는 물론, 일반 직장인들조차 동료에 대해 존중하는 마음이 없기 때문이다. 그렇기 때문에 시도 때도 없이 업무 지시를 내리고 보고하라는 상사들이 있는 것이다. 팀장 등 상사 입장에서야 1년 365일, 하루 24시간 소통이 잘된다고 생각하겠지만 이 역시 착각이자 인권침해라 할 수 있다.

소통하자며 회식을 자주 하는 상사, 자신과 대화하자며 1:1 상담 시간을 갖는 상사들 역시 마찬가지다. 그런 행위들 대부분이 오히려 스트레스를 더 줄 수 있다. 그런 상사들 보면 부하 직원들과 진정으로 소통하려 하는 것 같지 않다. '나는 팀원들과 이렇게 소통 잘하고 있다. 더 잘하기 위해 노력하고 있다.'는 걸 주변에 보여 주기 위해 쇼하는 것 같다. 마음과 마음을 나누는 진정한 소통이 아니라 대부분 의도되거나 연출된 소통이란 얘기다. 그렇지 않다고? 대부분 착각이다. 그렇게 생각하는 부하 직원들이 많다는 사실을 직시해야 한다.

존경 받는 리더는 다르다. 공감을 이끌어내는 원천들을 부하 직원들 눈높이에 맞춰 실천한다. 자신이 등산을 좋아한다며 매달 한 번씩 산에 가는 걸 강요하지 않는다. 그 대신 부하 직원들이 좋아하는 것에 자신의 눈높이를 맞춰 그들과 함께 어울린다.

업무 지시를 할 때도 부하 직원을 배려한다. 왜 이 일을 해야 하는지, 어떻게 하면 효과적인지 부하 직원 눈높이에 맞춰 자세하게 설명해 준다. 다짜고짜 "김○○ 씨, 이 일은 이번 주 수요일까지 완료해!"라는 식의 지시를 내리는 상사와는 다르다. 부하 직원을 부속품이 아니라 동반자로 존중하기 때문이다.

그뿐만이 아니다. 부하 직원들이 안고 있는 고민이나 문제를 해결해 주거나 도움을 주기 위해서도 노력한다. 업무뿐 아니라 업무 외적인 면에서도 부하 직원들과 진정한 소통을 하기 위해서도 노력하는 것이다. 상처를 주지 않는 것이 그들의 마음의 문을 여는 비밀번호라는 사실을 잘 알고 있기 때문이다.

당신 역시 마찬가지여야 한다. 부하 직원들과 소통이 안 되는 것도, 그들 마음에 상처를 주는 것도 99% 당신 탓이란 사실을 인정해야 한다. 그들의 공감을 이끌어내지 못했고 긍정의 잔고도 충분하게 쌓지 못했기 때문이라는 것을. 그래서 그들의 마음의 문을 열지도, 그들에게 받아들여지지도 못하고 있다는 사실을.

4장

마음과
마음의
연결 통로,

어울림

말 한마디 없이도
천 냥 빚 갚는 법

"말 한마디로 천 냥 빚 갚는다."

는 말이 있다. 실제로 그런 사람이 있을까? 없다. 하지만 그 누구도 위의 말을 부정하지는 않는다. 비록 은유적 표현이지만 소통의 중요성을 가장 명확하게 표현한 말이기 때문이다.

그렇다면 다음과 같은 말은 어떨까?

"말 한마디 없이도 천 냥 빚 갚는다."

에이, 터무니없는 말이라고? 그렇지 않다. 말 한마디로 천 냥 빚 갚는 것보다 오히려 더 현실성이 높다.

말 한마디로 천 냥 빚을 갚으려면 채권자의 마음에 200%, 아니 1,000% 정도 공감이 가는 말이어야 한다. 이는 언어의 마술사나 연금술사라도 쉽지 않은 일이다. 하물며 보통 사람일 당신은 두말할 필요도 없다.

그러나 말 한마디 없이 천 냥 빚을 갚을 확률은 높은 편이다. 당신이 지극히 평범한 사람일지라도 가능하다. 도대체 어떻게 그럴 수 있냐고? 2가지 접근법이 있다.

하나는 이번 장의 주제인 '어울림'이고, 다른 하나는 5장의 주제인 '울림'이다. '울림'이 왜 그런지는 5장에서 알아보기로 하자.

'어울림'이 왜 그럴 수 있다는 건지 알아보자. 여기서 어울림은 '둘 이상의 사람이나 물건이 조화를 잘 이룸'을 뜻하는 게 아니다. '한데 섞여 어우러지다.'라는 의미인 '어울리다'의 명사형, 즉 '한데 섞여 어울림'을 뜻한다. 상대가 누가 됐든 그 상대와 한데 섞여 어울리다 보면 마음과 마음이 통하는 관계를 맺을 수 있다.

물론, 이 정도 수준의 어울림만으로 말 한마디 없이 천 냥 빚을 갚기는 어렵다. 그러나 마라톤이나 골프, 여행, 뮤지컬 등을 통해 자아실현 활동에 몰입하는 식으로 어울린다면 얘기가 달라진다.

아직도 '정말 그럴까?'라는 생각을 가진 이들을 위해 좀 더 알아보자. 키워드는 자아실현 활동과 몰입이다.

자아실현의 원래 의미는 '자기 자신의 능력과 개성을 충실하게 발전시켜 완벽하게 이루는 것'이다. 그러나 '자신이 정말 좋아하는 일에 몰입하면서 매우 높은 수준의 만족감, 성취감, 삶의 보람을 완벽하게 느끼는 것'이란 의미로도 사용되고 있다.

예를 들면 마라톤을 정말 좋아하는 사람, 뮤지컬을 좋아하는 사람, 또는 봉사활동을 좋아하는 사람이 그 일에 몰입하면서 최고의 만족감과 성취감, 삶의 보람을 느끼는 상태를 말한다. 단순한 취미활동과는 몰입도와 만족도 면에서 비교할 수 없을 정도로 차이가 난다. 뮤지컬이나 연극 등의 한 공연을 몇 번씩 관람한다는 욜로YOLO: Your Only Live Once족들이 대표적이다.

통계에 의하면 한 공연을 10번 이상 관람하는 욜로족들이 5천 명을 넘는다고 한다. 이 같은 욕구를 매슬로우란 심리학자는 자아실현의 욕구라 했다.

혼자서 몰입하기보다는 직장 상사와 동료, 고객, 배우자, 자녀, 친구 등 주변 사람들과 함께 어울릴 때 효과적이다. 물론 어울리는 시간이 길고 주기적으로 반복성이 있을 경우 더 효과적이다.

먹고 사는 문제나 존중받고 인정받고 싶어 하는 것과는 다른 차원의 욕구를 말한다. 그래서 매슬로우는 인간의 욕구 5단계 중 최상위 욕구라 한 것이다.

열정적으로 어울리면 상대 마음에 긍정의 잔고가 가득 채워지게 만들 수 있다. 마음과 마음이 진정성 있게 통하는 관계로 발전할 수 있다. 천 냥 빚 얘기를 꺼내지 않아도 상대가 스스로 탕감해 주겠다고 말할 정도로 말이다.

2
도대체 난
뭘 잘못한 걸까

이처럼 어울림은 관계는 물론, 소통에 있어서도 매우 중요하다. 그런데도 소홀히 하는 사람들이 의외로 많다.

직장 동료와 고객, 친구보다는 가족과의 어울림에 소홀한 이들이 많다. 치열한 생존경쟁에서 살아남기 위해 앞만 보며 살아가는 가장들 중에 특히 많은 편이다. 국내 굴지의 대기업 부장인 나열심(가명, 46세) 씨가 대표적인 사람이다.

〈 나열심 부장은 직장 내에서 능력을 인정받는 사람이다. 업무 능력이 뛰어나고 대인관계도 원만해서 매번 입사 동기 중 선두로 승진했다. 틀림없이 임원까지 승진할 거라고 평가받는 인재이기도 하다.

두 살 아래인 아내는 초등학교 교사이고, 중학교 3학년 아들과 초등학교 6학년 딸이 있다. 맞벌이 부부라서 경제적으로 큰 어려움이 없다. 노후 준비도 비교적 잘 해놓았다. 이처럼 가정에서도 아무런 문제가 없어 보인다.

그러나 겉보기와는 달리 가정 문제로 남모를 고민을 갖고 있다. 최근 들어 아내와 아이들로부터 부쩍 소외감을 느끼고 있다. 모처럼 일이나 골프 약속, 경조사 등이 없어 주말에 집에 있는 날이면 더욱 그렇다.

아들과 딸에게 맛있는 거 먹고 영화도 보러 가자고 해도 반응은 언제나 시큰둥하다. 아들은 친구들 만난다며 나가버리고 딸은 제 엄마와 외출해 버리기 일쑤다.

결국 그는 거실 소파에 홀로 남겨져 신문을 뒤적인다. 메이저리그 야구경기를 보다가 결국 사우나에 간다. 그래도 그런 날은 양반이다. 비라도 오는 날이면 집안 분위기가 그야말로 적막강산이다.

아내와 아들, 딸 모두 나 부장이 집에 있는 것 자체를 불편해한다. 아내는 안방에서, 아들과 딸은 지들 방에서 아예 나오지 않는다. 그럴 때면 그는 탈출하듯이 사우나로 향한다. 사우나 온탕에 몸을 담그고서 상념에 빠져들곤 한다.

'아내는 그렇다 쳐도 아이들은 왜 날 피할까? 어렸을 때 많이 놀아주지 않았다고 불만을 드러내는 건가? 내 죄라면 지들 먹여 살리기 위해 이른 새벽부터 밤늦게까지 죽어라 일한 것밖에 없는데…. 도대체 난 뭘 잘못한 걸까.'

나 부장은 이렇게 깊은 한숨을 내쉬는 날들이 점점 더 많아지고 있다. 〉

왜 아내와 아들, 딸 모두 나 부장을 외면하는 걸까? 나 부장이 외도를 했기 때문일까? 술 마시고 주사가 심하거나 폭력을 휘둘렀기 때문일까? 가부장적이고 권위적인 소통 스타일 때문일까? 아니다. 그런데도 왜 나 부장은 가족들이 불편해하는 존재로 전락했을까?

아내는 물론, 자녀들과도 전혀 어울리지 않았기 때문이다. 가족과의 소통의 싹과 끈들을 싹둑 싹둑 잘라 낸 결과였던 것이다.

왜 그랬을까? 나 부장은 삼포(퇴근 포기, 주말 포기, 가족 포기) 클럽 회원이 돼 죽기 살기로 일만 했다. 돈을 잘 버는 것만이 가족을 위해 자신이 다해야 할 본분의 전부라고 생각했기 때문이다.

그러나 이는 착각이다. 가족들이 먹고 살 돈을 버는 것은 가장이 해야 할 여러 가지 본분 중 하나일 뿐이다. 나 부장은 이런 사실을 전혀 몰랐다. 그렇기 때문에 가족을 위해 열심히 일했지만 정작 자신은 따돌림 당하고 있는 것이다.

그렇게 3년이란 시간이 흘렀다. 나 부장은 그 사이 임원으로 승진해 상무보가 됐다. 아내는 물론, 아들딸과의 소통도 아주 잘 되고 있다. 그동안 무슨 일이 있었던 걸까? 임원으로 승진해서 면죄부를 받은 걸까? 아니다. 일과 가정의 균형을 찾겠다는 목표를 세우고 대변신에 성공했기에 가능했다. 가족을 위해 3가지 본분을 다 하려 노력했고 결국 인정받은 것이다.

그 3가지란 바로 가장, 남편, 아빠로서의 본분을 말한다. 이 셋 중 한 가지만 소홀해도 갈등하게 되고 마음의 상처도 입는다. 이와 같은 고통을 가족들로부터 소외받는 데서 오는 상처와 아픔이란 의미로 소외 痛(통)이라 한다.

대부분의 남성들은 나 부장과 같이 생각한다. 가장으로서 돈만 잘 벌면 자신의 본분을 다하는 것으로. 자연스럽게 남편, 아빠로서의 본분은 방치하는 편이다. 그러나 이는 착각이다. 남성 중심의 가부장제 시대에나 존재하는 유산이다.

어떤 이유에서든 삼포 가장은 더 이상 아내와 아이들에게 받아들여지지 않는 세상이다. 1년에 한 번, 어린이날에 놀이 공원 가서 놀아 주는 것 정도로는 턱없이 부족하다. 한 달에 한두 번 정도는 가족과 어울려야 한다.

결혼기념일엔 아내와 외식도 하고 영화나 뮤지컬도 봐야 한다. 맞벌이 주부가 슈퍼 워킹 맘이 돼야 하는 세상이 된 것처럼, 남편들도 슈퍼 하우스 대디가 되기 위해 노력해야 한다.

그렇지 않으면 아내와 아이들로부터 환영 받지 못하는 남편, 아빠가 될 가능성이 높다. 심하면 돈 버는 기계 정도로만 인정받으며 살 수도 있다.

그렇다면 나 부장은 어떻게 변신했을까? 어떻게 아내는 물론, 자녀들과 잘 통하는 잘 通(통) 가장이 됐을까?

우연한 기회에 '개미와 베짱이 두 번째 이야기'란 글을 읽고서 깨달음을 얻었다. 그 이야기를 읽고서 그는 '내 할 일만 다한다고 되는 게 아니구나. 집에서도 일터에서도 신 베짱이처럼 하자'란 목표를 설정했고 이를 실천했다.

3

개미와 베짱이
두 번째 이야기

"베짱아! 제발 내 부탁 좀 들어줄 수 없겠니? 오늘로 벌써 세 번째야."

개미가 베짱이네 집 앞에서 자존심을 내팽개친 채 통사정하고 있었다. 도대체 개미는 왜 그러고 있는 것일까.

사연은 이랬다. 개미는 삼포 클럽에 가입할 정도로 회사에서 열심히 일하는 노력파다. 덕분에 차장까지는 한 번도 누락된 적 없이 승진할 수 있었다. 회사에 대한 자부심도 강했다. 친구들 만나면 회사 자랑하기 바빴다.

부장 때는 달랐다. 세 번씩이나 승진하지 못했다. 처음 부장 승진에서 탈락했을 때는 불만을 표출하기도 했다. 그러나 두 번째 탈락부터는 그럴 수 없었다. 불만 대신 자신의 현재와 미래에 대해 곰곰이 생각하는 시간이 많아졌다.

'그 누구 못지않게 열심히 일했는데 왜 승진하지 못한 걸까.'
'업무 능력이 떨어지기 때문일까?'
'리더십이 부족하기 때문일까?'

혼자서 이런 저런 생각을 하면서 S등급은 몰라도 A+등급 정도는 충분히 받을 자격이 있다고 생각했다. 그렇기 때문에 더 억울한 것이었다.

'사내 정치를 못해서일까? 아니면 아부를 못해서일까.'
'희망퇴직을 실시하면 1순위로 해당되겠군.'
'퇴직하면 뭐하지?'
'어떻게든 아이들 대학 졸업할 때까지는 회사를 다녀야 할 텐데….'

돈을 많이 모은 것도 아니었다. 한숨이 절로 나왔다. 개미가 그렇게 고민하는 사이, 베짱이 소식이 들렸다. 처음엔 '설마 20년 전 나한테 쌀을 구걸하러 온 그 베짱이 녀석은 아니겠지.'라고 생각했다. 그러나 그가 바로 그 베짱이라는 것을 아는 데까지는 그리 오랜 시간이 걸리지 않았다. 유명 외국계 회사의 CEO가 됐다는 기사가 사진과 함께 언론을 통해 널리 전해졌기 때문이다. 그 회사는 작은 회사도 아니었다. 개미네 회사보다 훨씬 큰 회사였다. 개미는 풀이 죽었다.

'부장이 되고 임원이 되는 길은 따로 있는 게 분명해. 그렇지 않고서야 나처럼 열심히 일하는 사람들이 부장이 되지 못할 리가 없잖아.'

순간, 개미에게 퍼뜩 떠오르는 생각이 있었다. 베짱이를 만나 CEO가 된 비결을 들어보자는 것이었다. 개미는 곧바로 베짱이를 찾아갔다. 그러나 베짱이는 이전의 그가 아니었다. 자신을 찾아온 이유를 듣자마자 다음과 같이 말했다.

"개미야! 살점을 도려낼 듯 추웠던 그 겨울날 생각나니? 너에게 쌀 좀 빌려달라고 부탁했던 바로 그날 말이야. 그날 아마 영하 20도 가까이 내려갔었을 거야. 그때 네가 나한테 했던 말, 넌 전혀 기억 못 하지?"

개미는 생각지도 않게 베짱이에게 문전박대를 당한 채 집으로 돌아왔다. 그러나 개미는 쉽게 포기하지 않았다. 다음 날도, 그 다음 날도 베짱이를 찾아갔다. 네 번째 만에야 비로소 베짱이를 만날 수 있었다. 베짱이네 집은 개미네 집과는 비교가 되지 않을 정도로 넓었다.

개미가 거실에 앉자 베짱이는 와인 쿨러에서 와인 한 병을 꺼냈다. 한 눈에 봐도 고급스러워 보이는 와인이었다. 베짱이가 와인 잔을 기울이면서 자신의 성공 스토리를 풀어놓기 시작했다.

"너한테 세 번씩이나 거절당한 이후, 나는 어떻게 하면 돈을 많이 벌 수 있을까만 생각했지. 회사 그만둔 김에 먹는장사라도 해볼까 생각했지만 바로 접었어. 음식점 창업 후 망했다는 사람들 이야기를 수없이 들었기 때문이지.

고민 끝에 내린 결론은 외국계 회사에 입사해서 성과로 승부를 내자는 거였어. 운 좋게 지금의 회사에 입사해서 영업을 했지. 가장 잘할 수 있는 일이 영업이라 생각했거든. 사교적인 성격을 잘 활용할 수 있을 것 같아서였어.

그러나 처음 3년간은 마음에 상처를 많이 입었어. 세상일이란 게 그렇게 호락호락하지 않더라고. 개미야, 그때 가장 견디기 어려웠던 일이 뭔지 아니? 가장 믿었던 친구에게 거절당하는 거였어. 나랑 제법 친하게 지냈던 큰 바위 터에 사는 귀뚜라미 알지? 그 녀석네 회사가 우리 회사가 파는 제품의 가장 큰 수요처였거든.

정말 순수한 마음으로 우리 회사 제품을 권했는데, 얼굴을 싹 바꾸더니 일언지하에 거절하더라고. '우리는 이미 거래하는 회사가 있어.'라는 말을 하면서.

그래도 2년 동안 더 영업에 몰입했어. 그런데 성과가 생각했던 것보다 좋아지지 않는 거야. 뭐가 문제일까 다시 곰곰이 생각해봤지.

결론은 지금까지와는 완전히 다르게 하자는 거였어. 열심히 뛰어도 안 됐잖아. 그래서 뛰는 대신 날기로 마음먹었어. 개미야! 내가 무엇을, 어떻게 다르게 했을 것 같니? 어떻게 날았을 것 같니?"

개미가 도저히 모르겠다는 표정을 짓자, 베짱이는 천천히 자신의 변신 스토리를 풀어놓았다.

"우선 내가 공략할 목표고객을 다시 잡았어. 여치, 하늘소, 참새, 비둘기, 여우 등 내가 아는 숲 속 동물들이 다니는 회사 대부분이 규모가 작았거든. 최소한 내게 연 100억 이상의 매출을 올려줄 수 있는 회사들로 말이야. 그런 다음 그 회사들의 키맨들을 목표고객으로 정하고 DB를 만들었어. 여기까지는 일사천리로 일이 진행되더라고. 문제는 그들에게 어떻게 접근할 것인가 하는 거였어. 의욕적으로 전화를 걸고 DM을 보내기도 하고, 용기를 내서 무작정 방문도 해봤는데 잘 안 먹히더라고. 개미야, 너 같으면 어떻게 접근할래?"

개미가 뾰족한 대답을 하지 못할 걸 알면서도 베짱이는 곤란한 질문을 계속 던졌다. 개미는 이번에도 입을 열지 못했다. 키맨들에게 어떻게 하면 효과적으로 접근할 수 있을지 도무지 아이디어가 떠오르지 않았던 것이다.

"내가 가장 잘하는 것, 그들이 좋아하는 것을 활용하기로 했어. 그래서 먼저 음악 동호회를 만들었어. 부엉이, 뻐꾸기, 소쩍새는 물론 개구리, 두꺼비에 이르기까지 노래 부르는 걸 좋아하는 숲 속 회사의 직원들을 제일 먼저 가입시켰지. 나중엔 음악 동호회에 가입한 직장인들이 꽤 많아졌지만, 처음엔 쉬운 일이 아니었어."

베짱이가 여기까지 말하자, 개미가 궁금한 듯 마침내 입을 열었다.

"그랬구나. 음악 동호회 회원들에게 제품을 팔았겠네?"

"아니야. 제품의 'ㅈ' 자도 꺼내지 않았어. 제품 관련 이야기를 꺼내면 경계심을 갖고 날 피할 거라 생각했기 때문이지. 난 총무를 맡아 오직 동호회 회원들을 위해 헌신했어. 그들이 정말 즐겁고 행복하다고 느낄 수 있도록 말이야.

그러자 전혀 기대하지도 않던 일들이 벌어지더라고. 음악 동호회 회원들이 스스로 나한테 제품 관련해서 이것저것 묻기 시작하는 거야. 즐거운 시간을 갖게 해줘 너무 고맙다는 말을 하면서.

난 그때 비로소 세상의 이치를 새롭게 깨달았어. 무엇을 팔든 가장 중요한 것은 정성과 열정을 파는 것이라는 걸 말이야."

베짱이는 목이 마른 듯 잠시 말을 멈췄다. 개미가 비어 있는 베짱이의 잔에 재빨리 와인을 따랐다. 베짱이가 빙그레 미소를 짓고는 와인 잔을 반쯤 비운 후, 얘기를 계속 이어갔다.

"그런데 또 다른 문제가 있더라고."

베짱이가 개미를 물끄러미 쳐다보았다. 개미는 양손을 벌려 자신은 전혀 감이 오지 않는다는 제스처를 취했다.

"음악 동호회 회원들이 구매해 준 성과만으론 목표 달성에 턱없이 부족하다는 거였어. 그래서 두 번째 카드로 뮤지컬 동호회를 만들었어. 세 번째는 골프 동호회였고. 이런 식으로 사진 동호회, 산악회 등 수많은 동호회를 만들거나 회원으로 가입했어. 그리고 가급적이면 이들 동호회의 총무를 맡았지.

그런 다음, 그들과 열정적으로 어울렸어. 그랬더니 서서히 성과가 나타나더라. 한 번 탄력을 받으니까 전혀 예상치도 못한 일들도 벌어지고. 아, 글쎄 제품을 구입하는 것에 그치지 않고 자기네 관계사 키맨들을 소개시켜주는 거야. 그 즈음부터 회사에서 날 뭐라고 불렀는지 알아? '성공 신화를 쓴 베짱이'라 부르더군. 옛날의 그 베짱이가 아니라 신 베짱이가 된 거지.

이런 상태가 되자 항상 목표를 초과 달성하게 되더라고. 그뿐만이 아니야. 영업팀장이 된 지 얼마 안 돼 영업 본부장으로 승진했지. 영업 본부장 보직을 받고서 3년 동안 회사 실적을 두 배로 늘렸더니 CEO로 발탁하더라고."

그날 밤 늦게 집에 돌아온 개미는 한숨도 잘 수가 없었다. 베짱이, 아니 신 베짱이가 한 말들, 그중에서도 특히 '그들과 정말 열정적으로 어울렸어.'라는 말이 너무도 생생하게 떠올랐기 때문이다.

4

소통은 어울림,
관계의 달인이 되라

'개미와 베짱이 두 번째 이야기'를 읽은 사람들의 반응은 엇갈린다. 첫 번째 그룹은 어린이들이 읽어야 할 우화를 그저 직장인 눈높이에 맞춰 패러디 한 정도라며 폄하한다.

두 번째 그룹은 정반대다. 그들은 큰 깨달음을 얻었다고 말한다. 앞서 소개한 나열심 부장이 대표적인 경우다. 나 부장은 읽고 나서 가정과 직장에서 신 베짱이가 되기로 결심했다.

가장 먼저 시도한 게 아내와의 불통의 장벽을 부수는 거였다. 나 부장의 시도는 뮤지컬 마니아인 아내와 뮤지컬을 통해 어울리는 것이었다.

물론, 처음부터 둘이서 뮤지컬을 보고 그런 건 아니었다. 처음엔 친구가 뮤지컬 티켓을 두 장 주더라면서 건네는 식이었다. 그런 다음, 뮤지컬에 대해 공부하기 시작했다. 물론 아내의 닫혀 있는 마음의 문을 열기 위해서였다.

그렇게 1년여 노력 끝에 아내와 둘이서 뮤지컬을 보러 다닐 정도로 관계가 회복됐다. 딸과의 관계는 아내와 관계를 회복하는 것으로 쉽게 풀렸다.

사춘기에 접어든 아들의 굳게 닫힌 마음의 문을 여는 게 문제였다. 그러나 아들과의 관계도 의외로 쉽게 회복했다. 아들이 좋아하는 축구를 통해서였다.

처음엔 아내한테 했던 것과 비슷하게 했다. 국가대표 평가전이나 K리그 경기 티켓을 구해 주면서 친구랑 보고 오라는 식이었다. 다음 단계는 네 식구가 같이, 때로는 아들과 둘이서 축구 경기를 관람하는 계기를 만들었다. 아들과의 어울림은 한 단계가 더 필요했다. 주말에 집 근처 학교 운동장에 가서 같이 공을 차는 것이었다.

나 부장은 이 같은 어울림을 직장에서도 활용했다. 당연히 이전보다 훨씬 더 끈끈한 관계를 맺을 수 있었다.

어울림은 1장 "10인 10색 소통 痛(통)"에서 언급했던 D자동차 노무팀 동호인 과장의 고민에 대한 솔루션이 될 수도 있다. 신 베짱이나 나열심 부장을 창조적으로 모방한다면 말이다.

어떻게 창조적으로 모방할 수 있을까? 노조 집행부 사람들과 자주 어울리는 게 답이다. 등산이든, 사진 찍기든, 자전거 하이킹이든 뭐라도 좋다. 단순한 취미 활동으로 어울려서는 안 된다. 자아실현 활동 수준으로 격상시켜야 한다.

등산을 예로 들어 보자. 대부분의 사람들이 산에 가는 목적은 취미나 건강을 위해서다. 그러나 전국의 20대 명산이나 세계 30대 명산을 등정하겠다는 목표를 세우고 몰입하는 것은 다르다. 자아실현 활동이라 할 수 있다.

그래서 같은 등산이라도 어떤 사람에게는 건강이나 취미를 위한 활동이지만, 어떤 사람에게는 자아실현 활동이 되는 것이다. 마라톤, 낚시, 골프, 배드민턴, 스포츠 댄스, 뮤지컬 등도 마찬가지다.

물론 그들과 그런 식으로 어울리는 게 말처럼 쉽지는 않다. 그래도 노력해야 한다. 어떻게든 방법을 찾아야 한다.

예를 들어 보자. 노조 집행부 키맨 중 마라톤 마니아가 있다고 하자. 그 키맨이 참가하는 마라톤 대회를 알아내야 한다. 그런 다음, 그 마라톤 대회에 참가해서 같이 뛰고 막걸리도 마시고 사우나도 같이 해야 한다.

그렇게 우연을 가장한 마라톤을 통해 두세 번 어울리다 보면 좀 더 친밀한, 즉 마음과 마음이 통하는 관계로 발전할 수도 있다. 물론, 어울리면서 절대 지켜야 할 원칙도 있다. 그들과 업무와 관련된 이야기는 절대 안 하는 것이 좋다. 신 배짱이가 그랬던 것처럼.

실전에서 신 배짱이처럼 하는 사람들이 제법 많다. A금융지주 B 회장이 대표적이다.

〈 그는 평사원으로 입사해 A은행장, A금융지주 회장까지 오른 입지전적인 인물이다. 그가 그런 위치까지 오를 수 있었던 원천은 무얼까? 학력 등 빵빵한 스펙일까? 아니다. 그는 상고 출신이다.

가장 중요한 원천은 영업 실적이 탁월했다는 것이다. 지점장과 지역 본부장 시절에는 맡은 곳마다 1등을 놓치지 않았다. 그 비결은 무얼까? 뛰어난 화술로 고객 마음을 사로잡을 수 있었기 때문일까? 트럼프 대통령처럼 협상의 달인이어서였을까?

아니다. 고객과 어울리면서 마음으로 대화할 수 있을 정도로 관계를 맺었다는 것이다. 그는 이렇게 말한다.

"영업을 잘하려면 고객과 소통을 잘해야 한다. 어떻게 소통해야 하냐고? 고객과 잘 어울려야 한다. 고객이 술을 좋아하면 술을 마시고, 골프를 즐기면 골프를 쳐야 하고, 보신탕을 먹자고 하면 맛있게 먹어야 한다."

그는 은행원뿐 아니라 모든 직장인이 갖춰야 할 기본 덕목에 대해 다음과 같이 강조했다.

'직장인에게 필요한 기본 덕목은 업무 관련 지식이 아니다. 고객, 동료와의 만남을 소중하게 생각하는 마음가짐이다. 물론 그들의 신뢰를 얻는 것이 가장 중요하다.'〉

교보생명 신창재 회장도 임직원, 보험 컨설턴트, 고객 등과의 어울림을 통해 소통하는 경영자다.

〈 그는 매년 열리는 종합 시상식에서 특별한 퍼포먼스를 선보이는 식으로 어울린다. 몇 년 전에는 보험 컨설턴트와 임직원 2,000여 명이 참석한 연도 대상 시상식에서 가수 신승훈의 '미소 속에 비친 그대'를 열창했다. 당연히 노래가 끝나자 우레와 같은 박수와 앙코르 환호가 터져 나왔다.

신 회장은 웃으면서 '앙코르 요청이 있을 줄 알고 노래 한 곡을 더 준비했다'면서 광화문 연가를 불렀다. 혼자만 부른 게 아니었다. 임원들과 함께 합창했다. 물론 시상식장은 아이돌 가수의 공연장 못지않은 열기로 가득 찼다.

신 회장의 파격적인 퍼포먼스는 그게 처음이 아니었다. 그 이전의 시상식에서는 보험왕이 플루트를 불고 신 회장은 기타를 치며 환상의 하모니를 연출하기도 했다.

이처럼 신 회장은 고객, 컨설턴트, 직원과의 소통을 위해서라면 기타 연주와 춤, 요리 등의 퍼포먼스도 주저하지 않는다. 보험 컨설턴트들에게 큰절을 올리기도 하고 지점 여사원 단합대회에서는 막춤을 추기도 했다.

신 회장이 체면을 따지지 않고 그들과 어울리는 것은 왜일까? 진정성 있는 소통만이 고객의 마음을 얻을 수 있다는 진리를 컨설턴트와 임직원들에게 직접 보여주기 위해서이지 않을까? 〉

신 베짱이 등 4개의 사례를 소개했다. 어떤 이들은 이렇게 말한다. 꼭 그렇게까지 해야 하냐고. 너무 속보인다고. 그렇게 볼 수도 있다. 그러나 이 세상에 진정한 소통은 없다고 언급했듯, 진정한 어울림 또한 없다. 이 세상 모든 어울림 역시 의도된 목적이 있거나 그

목적을 이루기 위해 연출된 것이다. 단지 의도와 연출의 정도 차이만 있을 뿐이다.

그러므로 자책감을 느낄 일도 거부감을 느낄 일도 아니다. 마라톤, 뮤지컬, 노래, 때로는 막춤을 통해 마음과 마음이 통할 수 있다면 서로 윈윈 할 수 있는 셈이니 말이다.

그렇다면 실제로 신 베짱이나 나열심 부장처럼 하는 사람들이 과연 있을까? 그렇다. 뒷부분 "박사 위에 밥사 있고, 그 위에 술사 있다."에 소개하는 A사 박한일 씨가 주인공이다. 박한일 씨 외에도 우리 주변에 그런 사람들이 제법 있다.

누군가와 열정적으로 어울리면 마음과 마음이 통하는 관계 맺기가 가능하다. 어울림이 연결 통로로 작용하기 때문이다. 그러므로 소통 잘하는 사람이 되려면, 마음으로 대화하는 관계를 맺으려면 가능한 많은 사람과 어울리는 것이 좋다.

물론 관계에서 오는 스트레스로 고민하는 직장인들도 많다. 혼자 밥 먹는 게, 혼자 술 마시는 게, 혼자 노는 게 더 편하다는 직장인들도 제법 있다.

그런 직장인들에게 들려주고 싶은 말이 있다. 직장 내 상사나 선배, 동료, 또는 부하 직원이나 후배와의 관계를 위해 모든 걸 희생하라는 게 아니다. 상대가 누가 됐든 그와 마음과 마음으로 통하라는 것이다. 그러려면 일단 어울려야 한다. 꼭 등산이나 골프 등을 같이 해야만 하는 것도 아니다. 같이 커피를 마시는 것, 구내식당에서 밥을 같이 먹는 것도 어울리는 것이다.

왜 그래야 하는 걸까? 인간은 사회적 동물이기 때문이다. 호랑이처럼 혼자 살아가는 존재가 아닌 더불어 어울리며 살고자 하는 욕구를 가진 존재이다. 물론 누구나 혼자 밥 먹고 여행도 하는 등 혼자만의 시간을 갖고 싶을 때가 있다.

그러나 혼자이기를 고집하거나 자주 즐기는 건 인간 본연의 욕구라 보기 어렵다. 관계에서 오는 스트레스로부터 도피하고 싶거나 번거로운 일상에서 일탈하고 싶은 마음에서 파생된 행동일 가능성이 높다.

그러니, '내 할 일만 다하면 돼! 왜 퇴근 후나 주말 같은 업무 외 시간까지 직장 상사나 고객과 어울려야 하지.'라거나 '온갖 스트레스 받으며 일했으니 주말에는 좀 쉬자.'라며 소파에 드러누워 리모컨과 어울려 주말을 보내겠다는 류의 생각은 쓰레기통에 버려라.

특히 '내 할 일만 다하면 소통 같은 거 신경 안 써도 된다.'는 생각을 버려야 한다. 그런 생각을 갖는 순간, 자신이 속한 커뮤니티 내에서 따돌림 당하게 될 가능성이 높기 때문이다.

어울림은 마음과 마음을 연결해 주는 통로다. 게다가 상대가 나를 받아들이게 만드는 소통 기술이다. 그러므로 잘 어울리는 사람, 더 나아가 관계의 달인이 되라.

어울림을 통해 관계를 잘 맺는 것의 중요성을 증명한 객관적 연구들도 있다. 대표적인 게 카네기 공대의 성공한 사람들에 관한 연구다. 성공한 사람들 85%가 대인관계가 좋았다. 그보다 더 종합적인 연구 결과도 있다.

무려 75년 동안 724명의 인생을 전향적으로 연구한 '하버드대학교 성인발달연구'이다. 그 연구 프로젝트를 최종 주관한 이가 조지 베일런트 교수다. 그가 그 연구 결과를 다음과 같은 단 한 문장으로 압축했다.

"인간 삶에서 가장 중요한 것은 다름 아닌 대인관계다."

왜 이렇게 압축해 표현한 것일까? 대인관계가 사랑, 증오, 갈등, 성공, 행복, 실패, 좌절, 분노 등 인간이 살면서 마주치는 모든 것들과 연결돼 있기 때문이다. 위에서 언급한 8가지가 소통이나 불통으로 연결되고 대인관계에도 영향을 미친다는 뜻이다.

주변 사람들과 잘 어울리는 사람은 말 못해도 문제가 되지 않는다. 단절 痛(통), 상사 痛(통), 소외 痛(통) 같은 것도 아예 발생하지 않는다. 소통 문제로 상처 받을 일도 전혀 없다. 상대가 누가 됐든 어울림이란 마음과 마음을 연결하는 통로를 통해 서로 자유롭게 왕래할 수 있기 때문이다.

5

박사 위에 밥사 있고, 그 위에 술사 있다

"인류 역사상 최고의 성공 비결은 무엇이라고 생각하십니까? 아, 소통은 빼고서 말입니다."

이 같은 질문을 던지면 대부분 다음과 같은 답변이 나온다.

"창조"
"혁신"
"도전 정신"

맞는 말이다. 그러나 최고의 성공 비결이라고는 할 수 없다. 그럼 뭐가 최고란 말인가? '창조적 모방'이다.

삼성전자나 현대자동차, 애플, 테슬라 전기차 등을 예로 들어 보

자. 그들 기업의 대표적인 제품들 모두가 그들 기업이 세계 최초로 개발한 제품들이 아니다. 삼성전자가 TV나 냉장고, 반도체를 처음 만든 것도 아니고 스마트폰은 물론, 피쳐폰도 최초로 만든 회사가 아니지 않은가.

애플이 최초로 선보인 스마트폰 역시 마찬가지다. 애플 이전에 노키아, 모토롤라, HP 같은 회사에서 스마트 폰을 만들겠다는 아이디어와 시도가 있었다. 애플 역시 기존에 개발돼 있던 여러 가지 기술들을 아이폰에 융합시켜 성공했을 뿐이다.

이 같은 사례들이 우리에게 시사하는 바는 제법 크다. 최초의 혁신적인 기술을 갖고 있지 않아도, 세계 최초로 어떤 제품을 만들지 않더라도 창조적 모방을 잘하면 성공할 수 있다는 걸 증명해 주고 있기 때문이다.

위 사례들을 소통에 대입시켜 보자. 말주변 없는 사람도 얼마든지 소통 달인이 될 수 있다. 희망퇴직 당하지 않고서 정년까지 무사히(?) 직장 생활을 마칠 수도 있다. 다양한 사람들과의 어울림을 통해 관계를 잘 구축한 사람들을 창조적으로 모방한다면 말이다.

그럴 만한 사람이 누구냐고? 국내 유명 통신회사인 A사에서 정년인 58세까지 근무하고 2012년 말에 퇴직한 박한일(가명) 씨가 주인공이다. 다음은 그의 사례다.

〈A사는 2000년대 들어 유난히 명예퇴직을 많이 시켰다. 그런 고용 문화 탓에 박 씨의 입사동기들 중 정년까지 다닌 사람은 그가 유일했다. 입사 동기들 대부분은 박 씨보다 5~10년 먼저 명예퇴직해야 했다.

이렇게 말하면,

"스펙이 탁월했거나 손금이 닳아 없어질 정도로 아부의 달인이었기 때문 아닌가요? 그 아부 실력으로 결국 임원도 됐고요."

라는 질문을 던지는 이들이 있다. 전혀 그렇지 않다. 그렇다면 박씨 경쟁력의 원천은 무얼까? 다양한 사람들과의 어울림을 통한 대인관계 역량에 있다.

박 씨의 직장 생활은 신입직원 때부터 순탄했다. 영업 능력이 탁월해서 언제나 좋은 성과를 올렸기 때문이다. 그 덕분에 언제나 동기들 중 승진이 가장 빨랐고, 지사장 발령도 가장 먼저 받을 수 있었다.

박 씨의 대인 관계가 좋았던 특별한 비결이라도 있었던 걸까? 비결이라기보다는 2가지 원천 덕이다. 하나는 사교적인 성향이고, 다른 하나는 신 베짱이를 창조적으로 모방하기 위해 노력했다는 것이다.

박 씨는 다양한 커뮤니티에 25곳이나 가입했다. 가입만 한 게 아니라 열정적으로 참여했다. 대학의 최고경영자 과정이나 차세대 최고경영자 과정 같은 곳도 7곳이나 다녔다.

이렇게 말하면,

"와, 각종 모임을 25곳이나요? 그게 가능한가요? 최고경영자 과정을 굳이 7곳이나 다닐 필요가 있나요? 시간도 그렇고 회비와 등록금도 꽤 많이 나갔을 텐데. 아내와 부부 싸움 좀 했겠군요."

라는 식으로 믿기지 않는다는 이들이 많다. 각종 모임에 내는 회비와 모임 때마다의 참가비는 월 평균 40~50만 원 정도였다. 그 정도 예산 범위 내에서 참가 횟수 등을 조절했다.

물론, 결혼 5년 차까지는 아내와 트러블도 있었다. 아내가 맞벌이여서 돈 문제보다는 각종 모임에 참여하는 데 뺏기는 시간문제가 주원인이었다.

이 같은 트러블은 어떻게 무마시켰을까? 관계의 달인답게 풀었다. 박 씨는 출근 시나 모임이 있어 외출할 때 아내에게 큰절을 한다. 다음과 같은 말을 하면서.

"고맙습니다~ 감사합니다~~ 사랑합니다~~~ 잘 다녀오겠습니다~~~~"

일곱 마리 소 대신 '4~~다'를 파는 셈이다. 초창기 아내의 반응은 쑥스럽다며, "이젠 그만해라….".는 것이었다. 그러나 10년이 넘어서부터는 다음과 같은 농담을 스스럼없이 던질 정도다.

"자세가 그게 뭐야. 똑바로 못 해? 요즘 정성이 많이 부족하네….'

이렇듯 마음과 마음이 통하는 연결 통로를 개통한 뒤부터 아내는 일체 불평불만을 제기하지 않았다.

스마트폰 판매 캠페인 같은 걸 할 때마다 받은 포상금 중 절반은 무조건 아내한테 주는 것도 큰 도움이 됐다. 물론 나머지 절반은 다양한 사람들과 서로 마음이 通(통)하는 관계를 구축하기 위해 어울리는 데 썼다.

그렇다고 박 씨에게 전혀 위기가 없었던 건 아니다. '승빠퇴빠 법칙(승진이 빠르면 퇴사도 빠르다)'에서 벗어나지 못할 뻔했던 적이 있었다. 승진이 빠르다 보니 지사장 발령도 동기들 중 가장 먼저 받았다. 문제는 지사장을 오랜 기간 동안 했는데도 임원이 되지 못하다 보니 맡을 보직이 마땅치 않다는 것이었다. 그렇다고 성과가 좋은데 등떠밀어 명예퇴직시킬 수도 없었다. A사 인사 부서에서는 결국 박 씨를 지사의 마케팅 팀장과 비슷한 보직을 줘 '가'라는 지사에 배치했다.

'가'라는 지사에 배치된 박 씨는 그야말로 계륵 신세였다. 특히 지사장이 매우 껄끄러워했다. 자신보다 몇 년 선배였던 탓이다. 지사장은 박 씨를 향해 제발 사표 쓰고 나가줬으면 좋겠다는 사인을 시도 때도 없이 보냈다.

그러던 중 그가 보석처럼 빛나는 명품 인재라는 사실을 재확인시

215

켜 주는 사건이 있었다. 2008년에 A사가 애플사의 아이폰을 국내 통신사 중 맨 처음 판매한 게 계기였다. A사는 아이폰을 국내 시장에 론칭하면서 대대적인 마케팅 캠페인을 벌였다.

이때부터 박 씨는 자신의 능력을 맘껏 발휘했다. 아이폰 고객 유치 캠페인에서 압도적인 성과를 냈다. 지사장보다 20배 이상 많은 가입자를 유치했다. 그 덕분에 '가' 지사는 전사 1등이라는 타이틀도 얻었다.

한 번뿐이 아니었다. 아이폰 외 다른 판매 캠페인을 할 때마다 탁월한 성과를 올렸다. 박 씨 덕분에 '가' 지사는 계속 1등을 차지했다. 그러자 지사장의 태도가 180도로 바뀌었다. 그동안 자신의 무례한 언행에 대해 사과했다. 허리를 90도 가까이 숙이면서, "선배님, 고맙습니다. 다른 지사로 가실 생각은 꿈도 꾸지 마십시오. 제가 이 지사에 있는 날까지, 아니 다른 지사로 가더라도 선배님과 함께 일할 수 있도록 해 주십시오."라고 말했다.

이 모든 게 다양한 커뮤니티에서 쌓은 인적 네트워크 덕분이었다. 그들을 가입자로 유치하는 건 기본이었다. 기업의 오너나 CEO, 임원 등으로부터 몇백 대씩의 주문을 받기도 했다. 〉

그래서 '박사 위에 밥사 있고, 그 위에 술사 있다.', '입은 닫을수록 좋고 지갑은 열수록 좋다.'와 같은 말들이 있는 것이리라.

실제 그런 말들의 효과를 입증하는 연구 결과들도 있다. 플로리다 주립대 경영 심리학과 제럴드 펠리스 교수의 연구가 그중 하나다. 펠리스 교수에 의하면 직장인의 성공을 보장하는 것은 8가지다.

이 중 가장 중요한 것이 바로 대인관계 능력이다. 조사 대상자의 50%가 대인관계 능력을 가장 중요하다고 꼽고 있다. 그 다음이 동기와 의욕, 계획과 전략, 리더십 등이다.

하버드 대학의 기업 해직자 대상 연구도 직장 내에서 대인관계의 중요성을 일깨워 주고 있다. 연구 결과를 보면 업무능력 부족보다 관계 능력이 부족한 사람들의 해직 비율이 2배나 더 높았다.

퍼듀대 공대의 졸업생 대상 5년에 걸친 연구 결과 역시 마찬가지다. 관계 능력이 좋은 사람들의 성공 확률이 높다는 것을 보여 준다. 성적이 우수했던 상위그룹 졸업생들과 하위그룹 졸업생들 간 연봉 차이는 200달러에 불과했다. 반면, 대인관계 능력이 좋은 졸업생들과 나쁜 졸업생들의 연봉 차이는 33%나 됐다.

지금은 명예퇴직과 희망퇴직 전성시대다. 이런 시기에 직장 생활에 성공하고 정년, 또는 자신이 원하는 시기까지 다닐 수 있기 위해 중요한 게 바로 관계 능력이라는 사실을 증명해 주는 연구 결과들이다. 그러니 동료와 후배는 물론 신입 사원, 더 나아가 직속 상사가 아닌 다른 상사와도 좋은 관계를 구축하라.

이렇게 말하면 다음과 같은 질문을 던지는 사람들이 있다. 1장의 "10인 10색 소통 痛(통)"에서 소개한 E은행 고진식 대리 같은 직장인들 말이다.

"어울림, 즉 관계형 소통 달인은 아무래도 사교적인 사람에게 유리하겠군요. 그렇다면 비사교적인 사람들은 어떻게 해야죠? 대인관계를 잘 맺어야 한다는 것 때문에 오히려 스트레스 받는 사람들도 많잖습니까."

일리 있는 말이다. 그런 사람들에게는 2가지 대안이 있다.

하나는 사교적인 성향으로 자신을 진화시키는 것이다. 물론 사람들과 어울리는 것에 스트레스를 많이 받을 것이다. 하지만 그렇게 하는 길이 자신의 직장 생활이나 전반적인 삶에 긍정적 영향을 미친다면 그렇게 하는 것이 좋다.

다른 하나는 그렇게 노력해 봤는데 잘 안 되더라, 죽어도 그렇게는 못 하겠더라는 사람들을 위한 대안이다. 어떻게 하면 될까? 울림형 소통 달인이 되는 것도 방법이다. 주변 사람들과 잘 어울리는 것이 오히려 더 큰 스트레스를 받게 되고, 결국 마음에 상처로 남는다면 더 이상 관계 痛(통)으로 고통 받지 말라는 거다.

그 대신 무언가를 줘서 상대의 마음에 울림이라는 긍정의 잔고를 쌓는 식으로 소통하면 된다. 무언가를, 어떻게 주면 될까? 구체적인 방법은 5장을 참조하기 바란다.

6
먼저
다가가라

어울림 달인, 즉 대인관계의 달인이 되는 법이 신 베짱이처럼 다양한 커뮤니티에 참여해 수많은 사람들과 어울리는 방법밖에 없을까?

아니다. 신 베짱이 식 접근법은 어울림형 소통 달인이 되는 방법들 중 하나일 뿐이다. 내가 먼저 상대에게 다가가는 것도 유용한 방법이다.

심리학자 자일스가 했다는 "사람은 만나면 만날수록 호감을 갖게 된다."는 말을 상기해 보자. 이 말이 던지는 의미는 뭘까? '만나면 만날수록…'이란 의미는 어느 정도 끌리는(단순한 호감이든, 비즈니스 차원의 호감이든) 상태가 됐다는 것이다. 역으로 해석하면 한두 번 만났는데 끌리지 않으면 어울리지 않겠다는, 즉 만남의 관계를 더 이상 이어가지 않겠다는 뜻이기도 하다.

내가 먼저 다가가지 않으면 만남의 횟수가 줄거나 아예 관계가 단절된다는 뜻도 담겨 있다. 그러므로 어울림형 소통 달인이 되기 위해서는 먼저 다가가는 노력이 필요하다. 나열심 부장이나 박한일 씨처럼 말이다.

당신은 먼저 연락하는 사람이 많은가. 아니면 연락 받는 사람이 많은가. 한번 생각해 보기 바란다. 물론 가족과 업무적인 관계로 연락하는 사람은 제외하기 바란다. 이 같은 질문을 접하고 나면 대부분 다음과 같이 말한다.

"충격입니다. 제가 먼저 연락하는 사람이 많을 줄 알았는데 가족과 업무적으로 연락하는 사람을 빼고 나니 그렇게 많지가 않네요. 제 딴엔 마당발은 못 돼도 버선발 정도는 된다고 생각하고 있었는데 말입니다."

당신은 어떤가. 위 사람과 비슷한가? 그렇더라도 실망하지 마시라. 대부분의 사람들 역시 그렇기 때문이다. 대부분의 사람들은 자신을 자주 찾아오거나 연락해 오는 사람과만 친밀하게 지낸다. 자신을 찾지 않거나 연락을 안 하는 사람들과는 시간이 지나면서 점점 더 소원한 관계를 만든다. 자신은 자주 연락하는데 상대는 그렇지 않다며 상처를 받기도 한다.

어쨌든 자신도 모르는 사이에 일종의 싹둑 소통을 하는 것이다. 그만큼 스스로 자신의 대인관계 망을 허물고 있는 사람들이 많다는 얘기다. 그럼, 먼저 연락하고 다가가는 식으로 자신의 관계망을 탄탄하게 구축하는 사람들이 많다는 말인가?

그렇다. 생각보다 제법 많은 편이다. 툭하면 터지는 무슨 무슨 게이트의 주인공들처럼 이권을 바라고 권력을 가진 사람들에게 다가가는 사람들을 말하는 게 아니다. 자신과 맺은 인연을 소중하게 이어가는 사람들을 말한다.

그들 중 대표적인 한 사람을 소개한다. 김영삼 정부 시절에 장관을 지낸 K씨가 대표적이다. 다음은 그의 사례다.

〈K씨는 박정희 정부 시절 대통령 경제 비서관을 하며 잘나갔던 엘리트 관료였다. 박정희 정부가 1980년대까지 계속 갔더라면 틀림없이 장관을 두세 차례 정도는 했을 거라는 평가를 받을 정도로. 그러나 신군부에 동참하지 않으면서 야인 생활을 할 수밖에 없었다.

야인 시절에도 대인관계만큼은 소홀히 하지 않았다. 그의 노하우는 점심과 저녁 식사를 하면서 사람들과 끈끈한 관계를 맺는다는 것이다. 물론, 그 정도는 다른 사람들도 다 하고 있지 않나 하고 생각하는 사람들이 많다. 맞는 말이다. 하지만 K씨의 접근 방법은 다른 사람들과는 조금 달랐다.

K씨의 방식은 자신에게 연락하지 않는 사람들한테 먼저 연락해 식사 약속을 잡는다는 것이다. 약속을 잡는 원칙도 있다. 자신에게 연락한 지 오래된 사람 순이다.

상대가 누가 됐든 연락하지 않는 사람들과는 시간이 지날수록 소원해진다. 오랜만에 만나도 서먹서먹한 감정을 느낄 수밖에 없다. 하지만 K씨는 먼저 다가감으로써 소통의 싹이 고사되지 않고 잘 자라도록 만들었다. 이 같은 그만의 노하우는 야인으로 있으면서도 많은 사람들과 끈끈한 관계를 유지할 수 있는 원천이 되었다.

K씨의 이 같은 대인관계 노하우는 결국 결실을 맺는다. 1980년대 후반과 1990년대 초반에 쌍용투자증권(지금은 굿모닝 신한증권에 합병됨)과 동아건설 사장으로 발탁될 수 있었다. 김영삼 정부 시절에는 건설교통부 장관으로 발탁돼 훌륭히 소임을 다했다.

이 모든 게 먼저 연락하고, 먼저 다가가는 방식으로 관계를 맺은 사람들의 추천이 있었기에 가능한 일이었다.〉

누구나 길 가다가 아는 사람을 만나면 반갑다는 인사와 함께 잠깐 얘기를 나눈다. 헤어지면서 다음과 같이 말하는 사람들도 꼭 있다. "언제 밥 한번 먹읍시다~" 전화 통화할 때 그렇게 말하는 사람들은 더 많다.

이들의 공통점은 말로만 그런다는 것이다. 이제는 절대 그러지 마라. 실없는 사람이란 평가를 들을 뿐이다. 당신이 만약 그런 사람이라면 지금 당장 그랬던 사람들에게 먼저 연락하라. 그런 다음, 식사 약속을 잡아라. '먼저 다가가야겠다. 먼저 같이 밥 먹자고 말하겠다'는 생각만 한다고 해서 어울림형 소통 달인이 될 수 있는 건 결코 아니다. 행동을 해야만 가능한 일이다. 남들과 다른 그런 행동들이 모여야 습관이 되고, 습관이 달라져야 대인관계가 달라질 수 있다. 대인관계가 달라지면 당신의 인생 또한 달라질 수 있다. K모 전직

장관처럼.

　이번에는 다가가는 방법에 대해 생각해 보자. 물론 먼저 다가가서 얼굴을 맞대고 만나는 게 가장 좋은 방법이다. 그러나 그 방법은 시간과 물리적 제약이 많이 따른다. 전화나 이메일, 문자 메시지, 카톡, 트위터나 페이스북 같은 SNS를 활용하는 것도 먼저 다가가는 데 있어 유용한 방법들이다. 반드시 명심할 게 있다. 내가 먼저 다가가지 않으면 상대가 나를 받아들일 기회조차 없다는 사실 말이다.

7

마음을 나누는 친구,
인생의 동반자가 되라

먼저 다가가거나 즐겁게 어울렸다 해도 마음을 나눌 정도로 친해지지 않는다면 사상누각일 수 있다. 더 재미있는 모임이 있다면 그곳으로 미련 없이 떠날 수 있기 때문이다.

생일날 축하 메시지를 100통 넘게 받는 게 중요한 것도 아니다. 같이 밥도 먹고 케이크도 자를 수 있는 사람이 한 명이라도 있는 게 더 낫다. 대인관계에서는 어울림의 넓이보다 깊이가 더 중요하다는 뜻이다.

이런 사실을 잘 아는 어울림형 소통 달인들은 보통 사람들과는 관계의 지향점이 다르다. 그들은 단순히 친한 정도를 뛰어넘는 관계를 구축하려 한다. 상대와 마음을 나누는 친구, 인생의 동반자 관계를 구축하고자 노력한다. 다음과 같은 사례들처럼.

'휴대폰 단축번호 1번으로 내 번호가 입력돼 있다. 자녀들이 있지

만 몸이 불편할 때면 나한테 먼저 연락을 한다.'

'자녀가 셋인데 결혼식을 올릴 때마다 내가 축의금을 받아 줬다. 자신이 죽으면 부의금도 받아 달라고 할 정도다.'

'갑과 을의 업무적인 관계로 인연을 맺었는데 지금은 친형제보다도 더 막역한 사이가 됐다. 그러다 보니 양가의 경조사에 서로 다니는 것은 물론, 매년 여름휴가를 가족 동반으로 함께 가고 있을 정도다.'

'시어머니와의 갈등이나 남편이 바람피운 이야기를 하면서 자신이 어떻게 해야 할지 묻곤 한다. 자녀들의 교육과 진로 문제에 대해서도 자문을 구한다. 심지어는 자녀들 중매도 부탁한다. 때로는 내가 은행 지점장인지 그 고객의 인생 멘토인지, 집사인지, 결혼 정보 업체 커플 매니저인지 헷갈릴 정도다.'

비즈니스의 세계에서 갑과 을의 관계로 만났지만 신뢰가 깊어져 진정한 친구나 동반자 관계로 발전한 사례들이다. 이 정도 관계를 맺으면 상대가 나를 쉽게 받아들일 수 있다. 이런 관계를 만들려면 지위고하를 떠나 상대와 친구가 돼야 한다.

어떤 친구가 돼야 할까? 서로 마음과 마음을 나눌 수 있는 친구여야 한다. 그런 친구를 진정한 친구라 한다.

친구에는 3가지 유형이 있다. 그냥 친구, 좋은 친구, 진정한 친구. 그냥 친구는 동창과 같은 친구를 말한다. 좋은 친구는 경조사를 챙기는 정도의 친구를 말한다. 친목 모임도 가지면서 단 둘이, 또는 몇 명이서 식사도 하고 술도 마시며 고스톱이나 포커, 골프를 같이 하는 등의 방식으로 어울리는 친구를 말하는 것이다.

그렇다면 진정한 친구는 어떤 친구일까? 다음과 같은 친구다.

〈진정한 친구의 조건 5가지〉

1. 내 마음의 한 점 속내까지 탈탈 털어 놓을 수 있는 친구
2. 내가 힘들어 울 때 같이 울어 준 친구
3. 이 세상 모두가 안 믿어도 나를 이해하고 믿어 준 친구
4. 자신이 어려워도 더 어려운 내게 콩 한 쪽을 기꺼이 나눠 준 친구
5. 자아실현 활동을 오랫동안 같이 하는 친구

이 정도면 서로의 마음을 통해 연결된 통로로 자유롭게 왕래할 수 있다. 물론 5가지 조건 모두를 충족해야 진정한 친구라는 건 아니다. 많을수록 좋겠지만 한 가지 조건만 충족해도 진정한 친구라 할 수 있다.

당신은 그런 친구가 몇이나 되는가. 당신을 진정한 친구라 여기는 사람은 몇인가.

치열한 경쟁에서 살아남으려면 마음을 나누는 친구, 인생의 동반자라 할 수 있는 사람 몇 명 정도는 있어야 한다. 그렇지 못하기 때문에,

'열심히 인맥관리를 했지만 허무함을 느낀다, 성과도 별로다, 카톡 친구가 천 명이 넘고 하루 500건이 넘는 메시지를 주고받는데도

밥은 주로 혼자 먹는다, 관계 맺기에 열심히 노력했지만 결국 남는 건 가족이더라….'

와 같은 하소연을 늘어놓는 관계 痛(통) 환자들이 많은 것 아닐까?

내 곁에 오래도록 남을 사람은 친구도, 좋은 친구도 아니다. 배우자와 자녀, 그리고 진정한 친구뿐이다. 그렇지 않은데도 당신 곁에 사람이 많은 건 당신이 그만큼 가진 게 많기 때문이란 사실을 기억해야 한다.

그렇다면 마음을 나누는 친구, 인생의 동반자 관계를 만들기 위해 필요한 역량은 무얼까? 다음과 같은 2가지 역량을 갖춰야 한다.

〈마음을 나누는 친구, 인생의 동반자 관계 만들기 역량 2가지〉

1. 상대를 절대 존중하고 배려하라.
2. 상대가 무슨 부탁을 하든 거절하지 마라.

상대를 절대 존중하기 위한 첫 번째는 상대와 나눴던 이야기는 철저하게 비밀로 지켜주는 것이다. 상대의 프라이버시를 존중하는 것도 중요하다.

거절하지 않는 것 역시 마찬가지다. 생각해 봐라. 당신이 상대에게 무슨 부탁을 했는데 그 사람이 일언지하에 거절한다면 당신 기분이 어떨지 말이다.

아마도 쉽게 마음을 열 수 없을 것이다. 일언지하는 아니더라도 이 핑계, 저 핑계 대면서 거절할 명분만 찾는 사람도 마찬가지다. 반면 당신이 부탁을 하면 최선을 다해 도와주려고 노력하는 사람은 어떨까? 이런 사람에게는 쉽게 마음의 문을 열 것이다.

물론 무리한 부탁이라도 무조건 들어 줘야 한다는 건 결코 아니다. 어떤 부탁이든 그 자리에서는 거절하지 말고 '생각해 보자, 될 수 있는 방안을 찾아보자….'는 식으로 말하라는 거다. 그렇다고 말로만 그렇게 하라는 것도 아니다. 어려운 부탁이라 해도 다양한 방법으로 해결책을 찾기 위해 노력해야 한다. 그 부탁의 전부가 아니라 일부라도 들어 주기 위해 진정으로 노력해야 한다. 그렇게 열심히 노력하는 모습을 보여 주면 상대방도 결과가 어떻게 됐든 그 노력에 대해 고마운 마음을 갖게 된다. 그런 과정들이 쌓여서 긍정의 잔고가 되고 마음과 마음을 연결해 주는 통로가 되기 때문이다. 마음의 문을 여는 비밀번호가 아예 필요 없는 마음 통로 말이다.

5장

이심전심을
만드는
느낌표,

울림

1

우리 본부장님
승진을 위하여

"어떤 사람이 주변 사람들과 좋은 관계를 맺을까? 외향적인 사람일까? 아니면 내성적인 사람일까?"

이 같은 질문을 던지면 대부분 '외향적인 사람!'이란 답변이 나온다. 정말 그럴까?

펜실베이니아대 애덤 그랜트 교수팀 연구 결과에 의하면 꼭 그렇지도 않다. 연구팀은 미국 통신판매회사 영업직 사원 340명을 성향별로 3개(외향적, 내향적, 양향적) 그룹으로 나눈 후, 3개월 동안의 실적을 분석했다.

어떤 그룹의 영업 사원들 실적이 가장 좋았을까? 외향적인 그룹? 아니었다. 외향성과 내향성을 동시에 가진 그룹, 즉 양향적인 그룹의 영업 사원들 실적이 가장 높았다.

외향적인 그룹의 판매 실적을 100으로 했을 때 양향적인 그룹은 133의 실적을 올렸다. 외향적인 사람들보다 33%나 더 판 것이다.

그렇다면 외향적인 그룹과 내향적인 그룹의 결과는 어땠을까? 이번에는 외향적인 그룹? 아니다. 내향적인 그룹이 더 팔았다. 외향적인 그룹을 100으로 했을 때 내향적인 그룹은 108, 즉 외향적인 그룹의 영업 사원들보다 8%를 더 팔았다.

우리가 갖고 있는 생각과는 다른 결과다. 왜 이 같은 결과가 나왔을까? 외향성이 강한 사람은 주목받기를 좋아한다. 자신에 대해 강한 확신을 갖고 있기 때문에 고객 말이나 의견을 잘못 듣거나 무시할 가능성 또한 높다. 고객의 욕구와 가치를 이해하려는 관점보다는 자신의 관점에서 접근할 가능성이 높다는 얘기다. 이 같은 요인들이 고객의 반발을 부를 수 있어 대인관계는 물론, 판매에도 마이너스로 작용한다는 것이다.

그러므로 내성적인 성향의 사람일지라도 걱정할 필요 없다. 얼마든지 주변 사람들과 좋은 관계를 맺고 소통 또한 잘할 수 있기 때문이다. 어떻게 하면 가능할까? 상대 마음에 울림을 줘 긍정의 느낌표를 만들면 된다.

그리하면 상대와 말이 아닌 마음으로 하는 대화가 가능하다. S전자 판매 법인인 L플라자 최병문(가명, 53세) 본부장처럼. 다음은 그의 사례다.

우리 본부장님 승진을 위하여!

〈"2011년 10월 초였습니다. L플라자 서부지역본부 소속 대리점 대표자들이 모여 회의를 가진 게. 여러분 생각에는 그들이 어떤 회의를 했을 것 같습니까?"

이 같은 질문을 던지면 대부분 다음과 같은 대답이 나온다.

"10월 초면 3분기가 끝난 시점이라 4분기 및 2011년 전체 영업목표 달성 전략회의를 했을 것 같은데요."

맞다. 2011년 영업목표를 달성하자는 회의였다. 특이한 점은 회의를 주관한 사람이 서부지역본부 최 본부장이 아니었다는 거다. 그럼, 누가 한 걸까? 본사 대표이사가 주관한 걸까? 아니었다. L플라자 서부지역본부 대리점 대표자 모임의 회장단에서 주관했다. 이렇게 말하면,

"혹시 최 본부장이란 분이 대리점 대표자 모임 회장단에 압력이나 청탁을 한 거 아닌가요? 그렇지 않고서야 그들이 자발적으로 그런 회의를 할 리가 없잖습니까."

이처럼 최 본부장이 어떤 식으로든 사주를 했을 것 같다며 말하는 이들이 있다. 전혀 그렇지 않다. 대리점 대표자들이 100% 자발

적으로 연 회의였다. 이렇게 말하면,

"그럼 혹시 2011년 영업목표를 달성하는 조건으로 장려금이 파격적으로 걸렸던 것 아닐까요? 그런데 지금 조건이 얄궂게도 대리점별 목표 달성뿐 아니라 본부 소속 대리점 전체의 합계 목표를 달성하는 것으로 됐기 때문 아니었냐는 거죠."

라는 식으로 반론을 제기하는 사람도 있다. 아니다. 그런 장려금 지원 조건 같은 건 전혀 없었다. 순수하게 대리점 대표자들이 자발적으로 목표 달성을 하자며 개최한 회의였다. 더 놀라운 사실은 대리점별 영업목표 달성의 목적이 '내년 초 우리 본부장님을 임원으로 승진시키자!'는 것이었다.

이렇게 말하면 모두가 믿지 않는다. 전무후무한 사건이었던 셈이니 그럴 만도 하다. 요즘 본사의 갑질 때문에 고통 받는 대리점 경영자들과 프랜차이즈 가맹점주들이 얼마나 많은지, 주요 언론 매체를 통해 자주 접해 봤기 때문이다.

물론 일사천리로 진행이 된 건 아니었다. 대부분이 찬성했으나 네댓 명이 반대를 했다. 다음과 같이 말하면서.

"누구는 목표 달성을 안 하고 싶어 안 하나. 다른 대리점은 어떤지 모르겠지만 내 대리점은 여건상 목표를 달성하려면 상당한 무리를 해야 한다."

반대하는 대리점들이 나오자 주저하는 대리점들도 나타났다. 그러자 친목회 회장단은 다음과 같이 말했다.

"절대 강요하지 않겠다. 어디까지나 자발적인 참여를 원한다. 어쩔 수 없는 분위기 때문에 울며 겨자 먹기 식으로 참여하는 분이 있으면 안 된다. 그런 식으로 참여하고 나서 나중에 SNS 같은 곳에 글 올리고 그럴 거면 지금 빠져라. 누구도 탓하지 않겠다. 0.1%라도 내키지 않는 게 있다면 빠져라."

결과는 어떻게 됐을까? 반대하던 몇몇 대리점들도 결국 동참하겠다고 했다. 대단한 사건이었다.

그렇다면 도대체 그 사람들은 왜 그런 결정을 한 걸까? 최 본부장이란 사람이 강력한 카리스마가 있어서 그런 걸까? 아니면 관계의 달인이면서 설득의 달인이어서일까? 그렇지 않다. 최 본부장이 대리점 경영자들을 대하는 마인드가 달랐기 때문이다. 최 본부장은 본부 직원들한테도 일관되게 다음과 같이 강조했다.

"이분들이 가장 중요하게 생각하는 게 뭘까? 영업목표 달성? 천만의 말씀이다. 이분들은 몇 억~몇십 억씩 투자한 분들이다. 이분들에게 가장 중요한 건 돈 버는 것이다. 당신들이 해야 할 가장 중요한 일 역시 이분들 돈 벌게 해주는 것이다. 돈 못 버는 대리점이 있으면 담당 및 팀장이 책임져라."

본부장이 이렇게 강조하자 담당 팀장과 직원들은 판매 실적이 부진한 대리점에 인적, 물적 자원을 총동원해 지원했다. 물론 초기에는 '쇼하는 것 아냐?'란 시각으로 시큰둥한 반응을 보이는 대리점도 제법 있었다. 그러나 시간이 지날수록 감동받는 대리점 경영자들이 늘어났다.

그렇다면 지원받은 모든 대리점들이 실제로 돈을 많이 벌었을까? 모두가 돈을 많이 번 건 아니다. 그러나 돈을 벌지 못한 대리점도 최 본부장의 그런 마인드와 열정에 감동을 받았다. 지원을 받고 난 모든 대리점 경영자들이 술잔을 기울이면서,

"정말 고맙습니다. 이 고마움은 평생 간직하겠습니다."

라고 말했을 정도로.

그리하여 최 본부장은 다음 해 초에 임원으로 승진했을까? 안타깝게도 못 했다. 왜 못 한 걸까? 그렇게 했는데도 본부 영업목표 100% 달성을 못 해서 그런 걸까?

아니다. 100%를 달성했다. 그런데 서부지역본부보다 영업 실적이 더 좋은 곳이 있었고 결국 그 본부장이 승진했다. 물론 임원 승진이 영업실적만으로 이루어지는 건 아니지만.

결국 이렇게 이야기가 끝나는 걸까? 아니다. 대리점 경영자들이 그 다음 해인 2012년에도 '우리 본부장님 임원 승진을 위하여!'란 슬로건을 내걸고 도전했다. 결국 최 본부장은 2013년 초에 임원으로

승진할 수 있었다. 〉

최 본부장은 외향적이고 사교적인 성향이 아니다. 내향적이고 조용한 성격이다. 술도 못해서 대리점 경영자들과 술자리를 통해 잘 어울리지도 못했다. 게다가 말솜씨가 뛰어난 달변가도 아니었다. 그럼에도 불구하고 대리점 경영자들과 막힘없이 통하는 관계를 맺었다. 그 비결은 무얼까? 바로 말 대신 마음으로 소통하는 것이다. 돈을 많이 벌게 해주려는 마인드와 행동을 통해 그들의 마음에 깊은 울림을 주는 식으로.

당신 역시 마찬가지다. 상사든, 동료든, 부하 직원이든, 고객이든 그들의 마음에 울림을 줘라. 그리하면 그들과 마음으로 하는 소통이 가능하다. 그들 마음에 긍정의 느낌표가 가득 차도록 만들 수 있기 때문이다.

소통은 울림,
주는 사람이 되라

상대와 이심전심 상태를 만드는 긍정의 느낌표란 잔고를 쌓으려면 어떻게 해야 할까? 무언가를 줘야 한다. 그래야 상대 마음에 울림을 줄 수 있다.

최 본부장의 사례를 예로 들어 보자. 그는 무엇을 줬을까? 대리점 경영자들이 돈을 벌 수 있도록 도움을 줬다.

대리점이나 프랜차이즈 영업을 하는 사람들은 다 그런 노력을 하고 있다고? 물론 그렇게 해야 한다. 그러나 현실은 그렇지 않다. 대부분이 자신에게 할당된 영업목표 달성을 최우선하기 때문이다.

수익성이 불투명한데도 창업을 권유하는 영업 담당자들도 많다. 창업 점포나 대리점 수가 늘어나야 자신들의 영업목표 달성이 수월해지기 때문이다. 그러나 최 본부장은 그들과 달랐다. 대리점 경영자들이 돈을 벌 수 있도록 전폭적으로 도움을 줬다. 처음엔 반신반의하던 대리점 경영자들도 최 본부장의 일관된 방침에 결국 마음의 문을 열었다. 어떻게든 돈을 벌게 해주려는 노력이 그들의 마음에 깊은 울림을 줬기 때문이다.

그렇다면 대리점 경영자들은 모두 돈을 많이 벌었을까? 그렇지는 않았다. 기대한 만큼 돈을 벌지 못한 대리점들도 있었다. 그래도 그들은 불만을 표출하지 않았다. 그들 마음속에 이미 울림이란 긍정의 느낌표가 가득 쌓여 있었기 때문이다.

당신은 어떤가. 당신도 진정 최 본부장과 같은 마음으로 대리점이나 특약점, 프랜차이즈점을 대했는가? 그들이 투자한 만큼 돈을 벌게 해주기 위해 혼신의 노력을 기울였는가? 혹시,

'다른 대리점(가맹점)은 돈을 잘 벌지 않느냐. 돈을 못 버는 건 당신 탓이다.'

라는 논리로 목표 달성하라며 제품을 무자비하게 밀어내지는 않았는가?

당신이 영업사원이라면 어떤가. 지금까지 고객과 어떤 식으로 소통했나? 계약서에 서명하고 나면 그걸로 끝 아니었나? 가끔씩 안부 연락도 하고 방문도 했지만 그런 것 모두가 추가 계약을 따내거나 소개라도 받아 보려는 의도 때문은 아니었나.

이제는 다르게 소통해야 한다. 말이 아니라 마음으로 대화하는 관계를 맺어야 한다. 그런 소통을 하려면 내가 먼저 주는 사람이 돼야 한다. 도움도 주고 상대가 안고 있는 고민이나 문제를 해결해 주는 것도 필요하다.

왜 그래야 하냐고? 울림을 통해 긍정의 느낌표란 잔고가 쌓여야 마음끼리 통하는 관계를 만들 수 있다. 도움 通(통)해야 마음 通(통)할 수 있기 때문이다.

이 방법은 말 한마디로 천 냥 빚을 갚는 것보다 더 상위의 방법이다. 어울림과 마찬가지로 말 한마디 없이도 이심전심이 돼 천 냥 빚을 갚을 수 있을 테니 말이다.

1장 "10인 10색 소통 痛(통)" 사례의 주인공들도 최 본부장을 창조적으로 모방할 수 있다. 제약회사 영업팀 안정혜 대리와 은행원인 고진식 대리 경우를 생각해보자.

안 대리의 고객 중에 개업한 치과 병원장이 있다고 하자. 그 병원의 경영이 어렵다면 어떻게 해야 할까? 고 대리의 고객 중에 자영업하는 분이 있다고 하자. 그분이 은행에 올 때마다 어렵다고 하소연한다면 어떻게 해야 할까.

할 일도 많은데 그런 것까지 신경 써야 되느냐고? 별다른 뾰족한 수도 없으니 위로의 말 정도만 건네는 게 상책일까? 아니다. 이는 하책이다. 상책은 그 고객이 어려움을 극복할 수 있도록 도움을 주는 것이다. 최 본부장이 그랬던 것처럼 돈을 조금이라도 더 벌 수 있도록 도와줘야 한다.

어떻게 해야 하냐고? 안 대리의 예를 들어 보자. 자신은 물론, 가족, 친구, 지인들 중에 치과 치료를 받아야 할 사람이 있으면 적극 소개해 줘야 한다.

고 대리 역시 마찬가지다. 자영업하는 고객이 장사가 잘 안 돼 고민하고 있다는 걸 알았다면 어떤 형태로든 도움을 줘야 한다.

소통은 말과 글로 하는 게 아니다. 입으로 귀로 하는 것도 아니다. 이렇게 마음으로 하는 것이다. 제안서를 잘 만들고 상황별 대화법을 익혀서 상대를 잘 설득하는 건 소통의 아주 일부일 뿐이다.

다음과 같은 의문을 가지는 사람들도 있다.

'도움 등을 주는 행위가 상대 마음에 긍정의 잔고를 쌓을 수 있다는 객관적인 연구 결과가 있나?'

물론 있다. 도움을 주면 상대를 심리적으로 빚진 상태로 만들 수 있다. 로버트 치알디니란 심리학자가 쓴 『설득의 심리학』이란 책이 있다. 그 책에서 치알디니는 설득의 법칙 6가지를 주장한다.

그중 하나가 상호성의 법칙이다. 누군가를 설득하려면, 잘 통하려면 그 상대에게 먼저 무언가를 주는 게 효과적이라는 주장이다. 인간은 누구나 무언가를 받으면 심리적으로 빚진 상태가 되기 때문이다. 다음의 실험 결과처럼.

〈 어떤 심리학자가 자선기금 모금을 위한 티켓을 파는 실험을 했다. 이 실험은 두 사람씩 한 조가 돼서 일정 시간씩 그림을 감상하게 한 후, 그 사람들에게 자선기금 모금을 위한 연극 티켓을 파는 방식이다.

실험은 전반부와 후반부로 나눠 그림을 감상하고 느낌을 적는 방식으로 진행했다. 두 사람 중에 한 명은 미션을 부여 받은 조교였다. 그의 미션은 그림 감상을 모두 마친 후, 옆자리의 상대에게 자선기금 모금 티켓을 사달라고 부탁하는 것이다.

실험 대상자들을 A, B 두 집단으로 분류해서 진행했다. 조교의 미션은 딱 한 가지가 달랐다. A 집단의 실험 대상자들에게는 조교가 아무런 호의도 베풀지 않은 채 자선기금 모금 연극 티켓을 사달라고 하는 방식이다.

예를 들면,

'이번 연극의 수익금 전액을 무의탁 노인 돕기 성금으로 낼 예정입니다. 동참하신다는 의미로 티켓을 몇 장만 구매 부탁드립니다.'

와 같은 식이다. 전형적으로 상대방의 이성에 호소하는 방식이다.

반면 B 집단의 실험 대상자들에게는 조교가 부여 받은 미션을 실행한다. 전반부 그림 감상이 끝난 후, 쉬는 시간에 자판기에서 시원한 캔 콜라나 주스 등을 뽑아 가지고 와서 마시라고 권하는 방식이다. 다음과 같은 말을 덧붙이면서.

"이렇게 명화 감상 이벤트에 참여하게 된 것도 인연이군요. 제가 자판기에서 음료수를 뽑다 선생님이 생각나서 하나 더 뽑았습니다. 드시죠."

이 같은 제의를 받은 피실험자들의 반응은 어떨까? 그들 대부분은 감사하다는 말과 함께 음료수를 마신다. 그림 감상과 느낌 적기를 마치고 나면 조교는 A집단의 실험 대상자들에게 했던 것과 똑같은 미션을 실행한다.

A집단과 B집단의 실험 대상자들 중 어느 쪽이 기금 모금 티켓을 더 많이 샀을까? 대부분의 사람들은 당연히 B집단의 사람들이 더 많이 샀을 거라 생각한다. 맞다. 그렇다면 얼마나 더 샀을까? 두 배 이상 더 샀다고 한다.〉

이 정도면 그래도 약과다. 어느 제약회사가 제공하는 여행에 무료로 다녀 온 의사들은 그 제약회사의 약을 평균 3배나 더 처방하더라는 실험 결과에 비한다면 말이다. 그렇다면 왜 B집단에 속한 실험 대상자들이 티켓을 더 많이 구입했을까? 음료수 한 캔을 받아 마셨다는 사실, 즉 빚을 졌다는 심리 상태가 됐기 때문이다.

이처럼 대부분의 사람들은 B집단에 속한 사람들처럼 상대방으로부터 무언가를 받으면 심리적으로 갚아야 한다는 생각을 갖는다. '어제는 김 과장이 점심을 샀으니 오늘은 내가 사야지.'라는, 즉 '빚을 졌으니 갚아야지.'라는 심리 상태가 되기 때문이다.

이 같은 심리 상태는 선거에서든, 비즈니스에서든, 직장 내 상사나 동료와의 관계에서든, 청혼을 앞둔 남녀 사이에서든, 가족과의 관계에서든 마찬가지로 작동된다. 상대를 빚진 상태로 만들면 성공 확률은 두세 배, 아니 그보다 훨씬 더 높아질 수도 있다.

이 같은 연구 결과를 설명하면 다음과 같은 질문을 던지는 사람이 있다.

"만약 도움을 주거나 문제를 해결해주는 식으로 고객 전부를 빚진 상태로 만들면 성과도 2배 이상 높일 수 있다는 말인가요?"

성과는 2배 이상일 수도 그 이하일 수도 있다. 한 사람만이 반응해도 기존보다 2배 더 높은 성과를 올릴 수도 있고, 모든 사람들이 반응해도 기대에 못 미치는 성과를 올릴 수 있기 때문이다.

중요한 건 무언가를 줘 빚진 상태가 된 사람을 가능한 많이 만들수록 좋고, 기왕이면 나에게 높은 부가가치를 제공해 줄 VIP여야 한다는 것이다. 그 사람이 의사든, 약사든, 고객이든, 직장 상사든, 동료든, 유권자든.

이와 관련해 1장에서 소개했던 E은행 고진식 대리처럼 다음과 같은 불만을 터뜨리는 이들도 적지 않다.

"저도 은행에 오는 고객의 세금을 적게 내도록 해주는 것 같은 방법으로 도움을 주기도 합니다. 그런데 성과는 기대에 못 미치거든요. 왜 그런 거죠? 차라리 그 시간에 가망고객을 직접 공략하는 게 효과적이지 않을까요?"

맞는 말이다. 도움을 주거나 문제를 해결해 준 것에 비해 성과가 나지 않는다며 고민하는 사람들이 있다. 주기만 하고 받지를 못해 마음에 상처만 받았다는 사람들도 제법 많다. 그들은 뭐가 문제일까? 다음과 같은 3가지다. 첫 번째, 임계점이 문제다.

무언가를 받은 모든 사람이 반응하지는 않는다. 주는 사람의 정성과 노력 정도, 받은 사람의 성향에 따라 반응률이 다르기 때문이다. 무언가를 준다고 해서 모든 상대의 마음에 긍정의 느낌표란 잔고를 쌓을 수 있는 것도, 느낌표란 잔고가 쌓인다고 모든 사람이 반응하는 것도 아니란 얘기다. 도움을 준 사람 한 명을 한 개의 점, 반응한 사람을 한 개의 별로 본다면 그런 점과 별 몇 개만으로는 성과가 기대에 못 미칠 수 있다.

별의 크기에 따라 다르겠지만 몇 개 정도가 아니라 선이나 면을 그을 수 있을 정도가 돼야 한다. 물이 100도가 돼야 끓듯, 긍정의 느낌표란 잔고가 쌓인 사람들이 제법 많아야 한다는 뜻이다.

두 번째, 대가를 바라고 준다는 의도를 드러낸다는 것이 문제다. 진정한 소통, 진정한 어울림이 없듯이 사실 진정한 울림도 없다. 크든 작든 상대에게 무언가를 줬으면 알게 모르게 대가 (물질적인 보상만을 의미하는 게 아니다. '감사합니다.'라는 말과 같은 감성적 반응도 해당된다)를 기대하는 것이 보통 사람들의 심리 상태이기 때문이다.

그렇다 하더라도 무언가를 줄 때 대가를 기대한다는 내색을 해서는 안 된다. 대가를 바라고 준다는 것을 눈치 채는 순간, 그 효과가 반감된다. 상대 마음에 울림을 주는 것, 긍정의 느낌표를 쌓는 것의 효과가 반감되기 때문이다.

세 번째, 아무한테나 주는 것이 문제다. 고약한 정도를 넘어 나쁜 사람들도 많다. 교묘한 언행으로 상대로부터 무언가를 받아 내려는 사람, 받기만 하고 전혀 주는 법이 없는 사람들 말이다.

대가를 바란다는 걸 노골적으로 드러내는 것도 안 되지만 이 같은 사람들에게 주는 것 또한 바람직하지 않다. 상처만 받을 뿐이기 때문이다.

이심전심을 만드는
느낌표

상대 마음에 울림을 주면 이심전심 상태가 돼 마음 소통이 가능하다. 긍정의 느낌표란 잔고가 쌓이도록 만들 수 있기 때문이다. 그렇다면,

"긍정의 느낌표를 만들기 위해서 무엇을 주면 좋을까요?"

라는 질문을 던지면 어떤 답변이 나올까? 다음과 같은 답변들이 주로 나온다.

'도움'
'신뢰'
'열정'
'도전'

4가지 외에 호감, 공감, 정직, 배려, 칭찬 등도 자주 나오는 답변들이다. 대부분이 호감과 공감을 주는 원천들이다. 게다가 울림을 주는 원천이라고 하기에는 조금 아쉬운 부분들이 있다.

이런 관점에서 상대와 마음 소통을 가능케 하는 긍정의 느낌표 원천을 꼽는다면 다음과 같은 4가지다.

〈이심전심 상태를 만드는 느낌표 원천 4가지〉

1. 신뢰
2. 도움
3. 문제해결 솔루션
4. 특별한 경험

감동이란 긍정의 느낌표가 빠져 있지 않느냐는 생각이 들 것이다. 그렇지 않다. 감동은 특별한 경험에 포함돼 있다. 이제부터 울림을 줘 상대와 이심전심 상태를 만드는 긍정의 느낌표 4가지 원천들에 대해 알아보자.

긍정과 부정의 느낌표를 만드는 분기점, 신뢰

신뢰는 우리 사회 다양한 분야에서 소통과 불통의 분기점이다. 그중에서 가정, 직장, 비즈니스 관계에서 소통을 잘하기 위한 신뢰 구축 방법에 대해 생각해 보자. 먼저 가정에서 신뢰의 중요성이다.

"부모, 배우자, 자녀 등 가족 구성원들로부터 신뢰받고 계시죠?"

라는 질문을 던지면 거의 모든 사람들이 '그렇다.'라고 대답한다. 그러나 우리 주변에 가족 간 신뢰 관계가 무너진 가정들이 의외로 많다. 신뢰를 무너뜨리는 언행 때문이다. 그렇다면 가족 간 신뢰를 깨는 언행의 원천은 무얼까? 이 같은 질문을 던지면 가장 많이 나오는 답변이 다음과 같은 6가지다.

'거짓말'
'외도'
'폭언, 폭력'
'경제적 무능력'
'갈등'
'따돌림'

그러나 위 6가지 모두 가족 간 신뢰를 무너뜨리는 근본 원천은 아니다. 근본 원천 3가지는 본분, 배려, 존중이다.

외도와 거짓말, 경제적 무능력은 왜 빠졌냐고? 빠진 게 아니다. 본분에 포함돼 있다. 본분이란 가장·남편·아빠·아내·엄마·주부·자식으로서 다해야 할 역할과 도리를 말한다.

외도를 하면 남편, 아내로서 순결을 지켜야 할 본분을 다하지 못한다는 것이다. 가장으로서 돈 못 버는 것이 본분을 다하지 못하는 것이듯, 외도와 거짓말 역시 가족 구성원으로서의 본분을 다하지 못

하는 것이란 뜻이다.

자녀들도 마찬가지다. 자녀로서의 본분을 다하지 않으면 신뢰가 무너진다. 그런 가족 구성원 간의 소통이 잘 이루어질 수 있을까?

갈등은 가족 간 불통의 싹이다. 배려가 부족한 가정에 반드시 있는 게 갈등이다. 그러나 배려 받지 못한다고 해서 그 자체로 폭발하지는 않는다. 가족 간 존중이 없을 경우에 폭발한다. 존중이 없는 가정에는 신뢰 대신 무시, 학대, 따돌림이 있다. 폭언과 폭력, 이혼 등의 방식으로 폭발하는 것도 결국 가족 간 존중하는 마음, 신뢰하는 마음이 없기 때문이다.

이번에는 직장 내에서, 또는 비즈니스 파트너 등으로부터 신뢰받지 못하는 원천들에 대해 생각해 보자. 다음과 같은 4가지가 있다.

'거짓말'
'변명'
'불평불만'
'뒷담화'

그러므로 신뢰받는 직장인이 되려면 위 4가지 단어 뒤에 '~~~하지 않기'를 붙여 주면 된다. 그런데 신뢰받는 직장인이 되기 위해 아주 중요한 것 한 가지가 더 있다.

성과 내기, 즉 '상사나 회사가 기대했던 것보다 언제나 더 높은 성과를 내는 것'이다. 3장 "상사가 나를 받아들이게 만드는 기술"에서 소개했던 세계적 주차빌딩 설계회사 팀 하스의 최형록 회장, 4장 "박사 위에 밥사 있고, 그 위에 술사 있다"에서 소개한 A사의 박한일 씨가 창조적으로 모방할 좋은 사례들이다.

4

사과하는데도 왜 상황은
더 악화되는 걸까

상대 마음에 울림을 주는 긍정의 느낌표인 신뢰, 도움, 문제해결 솔루션, 특별한 경험 등에 대해 좀 더 알아보자.

2014년 12월 5일에 온 나라를 떠들썩하게 만든 사건이 있었다. 바로 땅콩 회항 사건이다. 그 사건을 소통의 관점에서 생각해 보자. 사건 당사자인 조○○ 부사장은 모든 직책에서 물러나고 대국민 사과도 했다. 이런 일련의 모습을 지켜본 대부분의 국민들은 어떤 반응을 보였을까?

대체적으로 부정적인 반응이 많았다. 당시 조 부사장의 언행에 대해 '어느 정도 이해가 된다.'는 사람들보다 부정적 여론이 압도적으로 많았다. 그렇다면 왜 그런 반응들이 나왔을까?

소통 스킬이 부족했기 때문일까? 맞다. 그럼, 소통의 어떤 스킬이 부족했기 때문일까? 공감을 이끌어내지도 신뢰를 주지도 못했기 때문이다. 사과의 내용은 물론, 형식 면에서 신뢰를 주지 못하면 공감을 이끌어내는 데 실패할 수밖에 없다. 그러므로 사과할 때는 '사실 난 별 잘못이 없는데….'라는 생각을 0.1%라도 가져서는 안 된다. 그런 마음이 얼굴 표정과 말투에 자신도 모르게 녹아 들기 때문이다. 모를 것 같아도 사람들은 귀신같이 알아본다.

그럼 사과하는 데도 특별한 기술 같은 게 있다는 건가? 물론이다. 개인이든, 기업이든 사과할 때 가장 중요한 게 바로 진정성과 근본적인 조치이다. 진정성 없이 마지못해 사과한다는 느낌을 받으면 절대 상대 마음에 울림을 줄 수 없기 때문이다.

갤럭시 노트 7 배터리가 여기저기서 폭발했을 때 초기 대응을 잘한 삼성전자처럼 해야 한다. 문제의 원인에 대해 진정성 있게 사과하고 전량 리콜이나 신제품으로 100% 교체와 같은 근본적인 조치를 취해야 한다. 그러면 오히려 더 신뢰를 얻을 수 있다.

이런 간단한 사실을 다른 기업들은 왜 모르는 걸까? 왜 호미로 막아도 될 걸 가래로 막아도 안 되는 상황을 초래하는 걸까? 대부분의 기업이 진정성 있는 사과와 충분한 조치를 취하지 않기 때문이다.

가습기 살균제 사건을 일으킨 옥시라는 회사가 대표적이다. 옥시는 사과했지만 오히려 상황이 더 악화됐다. 초기에 사과하면서 자신들은 큰 잘못이 없다는 식으로 책임을 떠넘기려 했기 때문이다.

이 같은 사과는 신뢰를 주지 못한다. 당연히 피해자 가족들은 물론, 일반 국민들의 마음에도 부정의 느낌표가 가득 쌓이도록 만든다. 통(通)하려고 한 사과가 되레 통(痛)만 만드는 꼴이 되고 마는 것이다.

　문제는 이런 현상들이 비슷하게 반복된다는 것이다. 왜 그런 걸까? 초기에 진정성 있게 사과해야 한다는 걸 모르기 때문일까? 아니다. 그 정도는 삼척동자라도 다 아는 사실이다.
　모르는 게 아니다. 사과할 때 잘못을 인정하지 않고서 핑계나 변명을 늘어놓기 때문이다. 착각한다는 것도 사람들 마음에 울림을 주는 대신 폭탄을 주는 대표적인 패턴이다.

　'이 정도면 되겠지….', '우리 잘못만 있는 게 아니다. 사실은 우리도 피해자다. 국가 XX기관, TT대학의 실험 결과가 인체에 무해한 수준이라고 해서….'

　라고 말하면 어느 정도 동정을 얻을 수 있다는 착각 말이다. 이런 현상을 꿰뚫어 보고서 소통의 문제점에 대해 명쾌한 교훈을 남긴 선각자가 있다.

　자신의 묘비명에 '우물쭈물하다가 내 이렇게 될 줄 알았다.'라고 쓰라고 했다는 사람, 19세기 영국의 극작가이자 노벨 문학상 수상자인 '조지 버나드 쇼'가 주인공이다. 그는 소통과 관련해서 다음과 같은 말도 남겼다.

"소통에서 가장 큰 문제는 모든 사람이 자신은 소통에 아무런 문제가 없다고 생각하는 것이다."

읽을수록 그 의미가 가슴에 와 닿는 촌철살인의 말이다. 주변에서 보면 그런 착각 속에 사는 사람들이 정말 많기 때문이다. 직업, 지위고하, 남녀노소 가리지 않는다. 특히 지위가 높고 권력을 가진 사람들 중에 그런 이들이 더 많은 편이다.

대표적인 사례 하나를 소개한다. 다음은 우리나라 모 프로 축구팀 유명 감독의 인터뷰 멘트이다.

"나는 우리 팀 스태프와 아무런 문제없이 소통을 잘하고 있다고 생각했다. 그런데 그게 아니었다."

과연 누가 한 말일까? 그는 왜 그런 말을 했을까?

5

착각하지 마
소통

주인공은 프로축구 최고의 명장으로 꼽히는 전북 현대 최강희 감독이다. 전북 현대 축구단의 C모 스카우터가 프로축구 심판 두 사람에게 총 5회에 걸쳐 500만 원을 건넸다는 검찰 발표가 있은 직후, 2016년 5월 24일에 언론 기자들과의 인터뷰에서 밝힌 속내다.

최 감독이 안타까운 심정을 표현한 상황은 이렇다.

〈2013년 프로축구 구단 경남 FC의 심판 매수 사건 수사 시, 전북 현대의 C모 스카우터도 참고인 조사를 받았다. 당시 C모 스카우터는 조사를 받고 나와서 최강희 감독에게 "조사 잘 받았다. 아무런 문제없었다. 걱정하지 마시라."고 말했다. 이 말을 최 감독은 철석같이 믿었다. 그런데 3년이 흐른 뒤 뒤통수를 맞은 것이다.〉

문제는 우리 주변에 최강희 감독과 같은 사람들이 많다는 것이다. 특히 직장 내 임원, 팀장과 같은 상사들에 많은 편이다. 3장의 "通(통)하랬더니 되레 痛(통) 주는 상사들"에서 언급했듯이 다른 사람은 몰라도 자신은 부하 직원들과 소통 잘하고 있다고 착각하는 이들이 많다는 얘기다.

중요한 건 왜 대부분의 상사들이 자신은 열린 소통을 하고 있다고 착각하느냐는 거다. 사람마다 다른 이유들이 있겠지만 공통적으로는 다음과 같은 4가지 이유가 있다.

첫째, 서로 신뢰 관계가 형성되지 않았다는 것

둘째, 부하 직원을 존중하지 않는 상사의 권위주의적 소통 스타일

셋째, 부하 직원들은 좋지 않은 정보, 나쁜 소식일수록 보고를 꺼린다는 것

넷째, 자신이 착각 痛(통) 유발자라는 사실을 모른다는 것

(*주: 착각 痛(통)이란 자신은 아무런 문제없이 소통 잘하고 있다고 착각하는 사람들에 의해 그 주변 사람들이 겪게 되는 상처와 고통을 말함. 때로는 착각 痛(통) 유발자 자신이 고통 받기도 한다.)

첫 번째와 두 번째 이유에 대해서는 굳이 설명하지 않아도 될 것이다. 세 번째 이유에 대해 생각해 보자.

한 조사 결과에 의하면 나쁜 소식이 CEO의 귀에까지 들어가는 비율은 5%밖에 되지 않는다고 한다. 2가지 이유가 있다. 하나는 질

책이 두려워 보고하는 대신 스스로 해결하려는 시도를 먼저 하기 때문이다.

다른 하나는 문제가 터졌는데도 결정적 증거나 결과가 나올 때까지 일단 입을 닫는 부하 직원들도 많기 때문이다. 그래서 CEO만 모르고 직원들끼리는 다 알고 있는 건들이 있는 것이다. 최강희 감독과 C모 스카우터와 같은 경우가 비일비재한 편이라는 거다.

이게 바로 부하 직원들의 소통 스타일의 한 단면이다. 그러므로 질책이 두려워 은폐하는 식의 소통 문화를 구축해서는 안 된다.

네 번째 이유에 대해 생각해 보자. 상사들은 자신이 소통에 문제가 있는 착각 痛(통) 유발자라는 사실을 대부분 모른다.

왜 그런 걸까? 직급이 높아지면서 부하 직원들과 물리적, 심리적 거리감이 생겨서 그런 걸까? 일리 있는 말이다. 임원 방과 직원들 칸막이를 없애는 것도 다 그와 같은 불통의 장벽을 없애기 위한 시도일 테니 말이다.

상사들 대부분이 소통을 단순한 의사소통 정도로 인식하고 있다는 것도 이유 중 하나다. 부하 직원의 마음속 깊은 곳까지 울림을 줘야 신뢰라는 긍정의 잔고를 쌓을 수 있다는 걸 모른다는 거다. 마음이 열리지 않은 상태에서 자신의 고민이나 문제를 털어 놓고 싶은 부하 직원이 과연 몇이나 될까?

기업만 그런 게 아니다. 가정도 마찬가지다. 남편들 대부분이 자신은 아내, 자녀들과의 소통에 별다른 문제가 없다고 생각한다. 3장에서 소개한 '비 내리던 날 아내로부터 충격적인 문자를 받은' 공감재 씨와 4장 '도대체 난 뭘 잘못한 걸까…'의 나열심 부장이 대표적이다.

그들만 그런 게 아니다. 아내, 자녀들과의 소통에 아무런 문제가 없다고 착각하는 남편과 가장들이 차고 넘친다. 엄마들 역시 마찬가지다.

'엄마가 이 사실을 알면 쓰러질 거야. 아니 죽는다고 할지도 몰라….'라면서 속마음을 엄마한테 털어 놓지 않고 닫힌 소통을 하는 자녀들도 제법 많다. 그래도 물론, 엄마들보다는 아빠들 중에 착각 痛(통) 유발자들이 많은 편이다.

다음의 대기업 S사 부사장 박명환(가명, 62세) 씨도 그런 이들 중 하나다.

〈박 부사장에게 잘 키운 아들이 하나 있다. S대 법대 4학년 때 사법고시에 합격해 판사로 재직하고 있는 아들이다. 공부만 잘한 게 아니다. 자라면서 속 한번 안 썩이고, 자신의 말에 말대꾸 한번 안 할 정도로 착한 아들이었다.

아들 생각만 해도 어깨가 으쓱거리고 모든 스트레스가 다 사라질 정도였다. 그런 아들이 결혼하겠다며 여자 친구를 인사시키겠다고 했다. 박 부사장은 축하한다며 말했다. 자신은 2가지 조건만 충족되면 오케이라고.

'잘나가는 판사 아들이라고 최소한 열쇠 2개 정도는 원했던 걸까?'

아니었다. 학벌과 직업 같은 스펙도 외모도 아니었다. 종교와 가족 관계였다. 어느 종교든 광적으로 믿는 사람은 싫다는 것과 부모가 이혼하지 않은 가정이어야 한다는 것이었다.

그런데 아들이 말하는 여자 친구는 그 두 가지 조건이 모두 문제였다. 본인뿐 아니라 온 집안이 특정 종교를 광적으로 믿었고, 게다가 부모가 이혼까지 했더랬다.

박 부사장은 아들에게 결혼을 결코 허락할 수 없노라고 말했다. 몇 차례나 허락해 달라던 아들은 결국 그 여자 친구와 헤어지겠다고 말했다. 박 부사장은 아들에게 고맙다고 말해줬다. 그렇게 아들은 그 여자 친구와 헤어지고 나서 새로운 아가씨와 결혼했다. 이쯤 되면,

'모든 일이 잘됐군요. 그런데 뭐가 문제란 거죠?'

라는 생각이 들 것이다. 사연은 그렇지가 못했다. 아들 결혼 후에 우연하게 알게 됐는데 며느리가 이전에 자신이 반대했던 그 아가씨였다. 박 부사장은 무척 화가 나고 배신감도 들었다. 그렇지만 마음을 고쳐먹기로 했다. '이제 와서 어쩌겠나. 운명인 것을…. 어쨌든 둘이 잘 살면 될 것 아니냐.'라고 생각하면서.

그 선에서 끝났다면 전혀 문제가 되지 않았을 것이다. 박 부사장의 분노가 폭발한 건 아들은 물론, 아내와 딸까지 가세해 자신을 감

쪽같이 속였더라는 사실 때문이다.

아들과 아내, 딸이 짜고서 자신을 왕따 시켰다는 사실에 분노가 폭발했다. 배신감과 소외감에 자신이 지금까지 무엇을 위해 살았나란 생각이 들었다. 삶에 회의를 느낄 정도로 큰 충격을 받아 아직도 벗어나지 못하고 있다. 〉

착각 痛(통) 유발자에 의해 주변 사람들이 고통 받는 게 아니라 유발자 자신이 고통 받고 있다는 사례다. 그렇다면 박 부사장의 아들은 왜 아버지를 속인 채로 결혼을 강행했을까? 그의 아내와 딸은 왜 그 같은 생각에 동의했을까? 박 부사장은 왜 가족들로부터 다른 사안도 아닌 인륜지대사라는 아들 결혼 문제로 따돌림 당한 걸까?

여러 복합적인 이유들이 있을 것이다. 가장 큰 이유는 박 부사장의 소통 스타일이다. 박 부사장의 권위적이고 가부장적인 소통 스타일이 결국 가족들의 따돌림을 불렀다는 뜻이다. 박 부사장은 하나의 원칙을 세우면 절대 양보하지 않는다. 그걸 잘 알기 때문에 가족들이 그런 결정을 한 것이다.

그러니 가정에서든 회사에서든 너무 원칙만 강조하는 소통 스타일을 고집하지 마라. 최강희 감독, 박 부사장처럼 자신은 소통에 아무런 문제가 없다고 착각하지도 마라.

기업, 프로 스포츠 구단, 가정에만 착각 痛(통)으로 상처 받는 이들이 있을까? 학교에도 있다. 몇 년 전 우리 사회를 떠들썩하게 만든 학교 내 왕따 사건들도 결국 신뢰 부재로 인한 착각 痛(통)이 가장 큰 원인이다.

서울에서 중학교 체육 교사로 근무하던 김선민(가명, 당시 54세) 교사
의 사례가 대표적이다.

〈 김 교사는 자신이 담임을 맡고 있는 반 학생들과 소통이 잘되고
있다고 자부했다. 그러나 실제는 그 역시 최강희 감독과 유사한 경
험을 해야만 했다.

몇 년 전, 대구에서 한 중학생이 왕따를 당해 자살하는 사건이 터
지자 각 학교별로 비상이 걸렸다. 교육 당국의 지시도 있었지만 담
임교사들 역시 학생들과 1:1 상담을 했다.

누구로부터 괴롭힘을 당하는지, 누가 누구를 따돌림 시키는지 등
을 파악하려 노력했다. 김 교사 역시 마찬가지였다.

김 교사는 자기 반에는 그런 일이 전혀 없을 거라 생각했다. 체육
교사였던 관계로 평소 반 학생들과 체육 활동을 통해 같이 뛰며 놀
기도 하는 등 소통에 최선을 다했다고 자부했기 때문이다.

그래도 그는 반 학생들과 1:1 면담을 했다. 학생들은 한결같이
"우리 반에는 그런 일 없습니다."라고 답했다. 반장은 한 술 더 떠
절대 그런 일 없다고 말했다. 김 교사도 철석같이 믿었다.

그러나 김 교사의 믿음은 1주일이 채 가지 못했다. 반 학생 중 한
명의 부모가 교장 선생님을 찾아 가 자신의 딸이 왕따를 당하고 있
다고 호소했기 때문이다.

김 교사는 충격을 받았다. 자기 반 학생들과 아무런 문제없이 소

통을 잘하고 있다고 굳게 믿고 있었기 때문이다. 〉

친구 관계에도 자신은 소통에 전혀 문제없다고 생각하는 착각 痛
(통) 유발자가 많다. 다음과 같은 사례처럼.

〈 여고 동창생 다섯 명이서 친한 모임을 갖고 있는 강은영(가명. 42
세) 씨가 그런 경험을 한 경우다. 2015년 연말이 지나고 나서 친하게
모이던 5명의 모임이 깨졌다. 원인은 B모 씨 때문이었다.

언제부턴가 B모 씨는 친구들 만날 때마다 남편 험담으로 시작해
서 시어머니, 아들 때문에 죽고 싶다는 등의 얘기를 늘어놓곤 했다.
친구들끼리 공통의 주제로 신나게 수다를 떨 때도 B모 씨는 중간에
끼어 들어 이야기 주제와는 전혀 상관없는 자신의 신세타령을 늘어
놓곤 했다.

초기에는 친구들 모두 B모 씨를 열심히 위로했다. 문제는 B모 씨
의 하소연이 만날 때마다 계속된다는 것이었다. 지겹다는 표정을 짓
거나 하품이라도 하면 난리가 났다. "나는 이렇게 고통스러운데 위
로는 못할망정 하품을 할 수 있느냐….."면서 B모 씨가 화를 내거나
펑펑 울었기 때문이다.

B모 씨로 인해 즐겁자고 만나는 모임이 짜증나고 스트레스 받는
모임이 되고 말았다. 그렇다고 B모 씨만 빼고서 만날 수도 없었다.
만약 그 사실을 B모 씨가 알면 어떤 일이 일어날지 모두가 잘 알고
있었기 때문이다.

결국 그들은 일단 모임을 해체하기에 이르렀다. 자신은 아무런 문

제없이 친구들과 소통 잘하고 있다고 착각하고 있는 B모 씨 탓에. 〉

남자들 모임에도 B모 씨 같은 착각 痛(통) 유발자들이 꼭 있다. 퇴직 후 자영업을 운영하고 있는 김명석(가명, 55세) 씨가 겪은 사례처럼.

〈 김 씨는 퇴직 후 전 직장의 OB 모임에 열심히 나갔다. 그러나 지금은 나가지 않는다. 임원으로 근무했던 분이 모임에 나오면서부터 분위기가 완전 엉망이 됐기 때문이다.

그분이 현직 때처럼 군림하려고 한다는 것 정도는 봐줄 수 있었다. 한 번 해병은 영원한 해병이란 말도 있으니까. 문제는 그분의 자랑질이었다. OB 모임에 나와서 시종일관 자랑을 늘어놓았다. 자신은 물론 아내와 자식, 며느리와 사위, 심지어 손주들 자랑까지.

한두 번은 들어 줄 수 있어도 그 다음부턴 고역이었다. 여러 사람이 그 양반 꼴 보기 싫다고 안 나왔고, 결국 김 씨도 나가지 않았다. 〉

전 직장 OB 모임과 같은 단체 모임에서뿐 아니라 친구와 1:1로 만나는 관계에도 그런 착각 痛(통) 유발자들이 있다. 대부분이 김 씨의 상사처럼 자식 자랑, 며느리·사위 자랑, 손주 자랑하느라 입에 침이 마를 겨를이 없는 사람들이다.

친구들도 처음엔 "참 좋겠다, 부럽다…."는 말을 건네곤 하는 편이다. 그러나 만날 때마다 그런 친구를 보면 짜증이 나고 자존심도 많이 상할 수밖에 없다. 이런 관계가 지속될 리 없다.

자신은 소통에 아무런 문제가 없다고 착각하는 대표 선수를 꼽으라면 아마도 시어머니들일 것이다. 고부 갈등도 대부분 시어머니가 주는 착각 痛(통) 때문에 생긴다고 볼 수 있다. 더구나 최근에는 며느리에게 SNS 痛(통)을 안겨 주는 시어머니들도 제법 많은 편이다. 그와 같은 SNS 痛(통)을 회피하기 위해 카톡을 탈퇴하고 새로운 메신저에 가입하는 며느리들도 있다. 물론 며느리의 카톡 창 사진이 바뀔 때마다 꼬치꼬치 캐묻는가 하면, 아침이건 늦은 밤이건 주말이건 가리지 않고 카톡 메시지를 날리는 시어머니들 때문이다. 일이 바빠서 바로 답글을 올리지 못하면 아예 며느리 속을 뒤집어 놓는 시어머니들도 있다. 다음과 같은 식으로.

'둘째는 바로 답글 올리던데 넌 많이 바쁜 모양이구나.'

이 같은 시어머니들의 공통점이 있다. 자신은 며느리와 소통 잘하는 시어머니라 착각한다는 것이다. 과거의 고부 갈등은 서로 얼굴 볼 때나 전화 통화할 때 정도였다. 그런데 지금은 SNS 덕분(?)에 하루 24시간, 일 년 열두 달 내내 계속되는 편이다.

시어머니로부터 비롯된 SNS 痛(통)에 대한 대응 비결이 있을까? 최선은 시어머니가 먼저 변하는 것이다. 며느리를 배려하고 존중하는 것으로 말이다. 차선은 남편이 변해야 한다는 것이다.

어머니와 아내 사이에서 어중간한 태도를 보이면 안 된다. 자기 어머니가 SNS 痛(통) 주는 시어머니라 생각되면 말해 줘야 한다. 'SNS 사용 에티켓' 같은 걸 말이다.

그런데 현실의 남편들 대부분이 비겁한 편이다. 중간에서 모른 척하거나 오히려 자기 어머니 편을 드는 남편들도 있다. 그런 남편들은 중국 최고 부자 중 한 명인 알리바바 그룹 마윈 회장을 본받고 각성해야 한다. 그가 했다는 다음과 같은 말을 상기하면서.

"어머니는 나의 1/3 인생을 책임지지만 아내는 나의 2/3 인생을 책임진다. 아내는 나의 후반생을 보살피니까 어머니는 아내한테 감사를 해야 하고, 어머니의 후반생도 아내가 보살피니까 난 당연히 아내한테 감사를 드려야 한다. 아내가 시집와서 안 해 본 고생을 하는 건 다 나 때문이다. 장모님은 아내를 고생 한 번 안 시키고 나한테 시집보냈다."

그래도 시어머니와 남편이 안 변하면 어떻게 해야 할까? 그냥 내 팔잔가 보다 하며 포기하고 살아야 하는 걸까?

아니다. 3장의 상사 痛(통) 주는 상사에의 대응법을 활용하는 게 좋다. 무시, 회피, 반란은 문제가 있다. 그러므로 인정과 극복 대응법을 실천하는 게 방법이다.

물론 시어머니나 남편 입장에서 보면 그런 며느리나 아내가 닫힌 소통을 한다고 생각할 수도 있다. 아니 실제 그런 경우들도 많은 편이다. 상대가 누가 됐든 상대의 입장이나 소통 방식을 인정하고 극복하는 것이 열린 소통으로 가는 지름길임을 잊지 말아야 한다.

지금까지 소개한 착각 痛(통) 유발자를 유형별로 분류하면 다음과 같은 3가지다.

첫째, 상사나 시어머니, 가장, 남편 등과 같이 주로 권력을 가진 사람들
둘째, 힘들고 고달프다며 만날 때마다 타령질 하는 사람들
셋째, 만날 때마다 자랑질 하는 사람들

조지 버나드 쇼가 선각자는 선각자다. 우리 사회 각 분야에 자신은 정말 소통에 아무런 문제가 없다고 착각하는 사람들이 이렇게 많은 걸 보면 말이다.

그렇다면 착각 痛(통) 유발자들을 위한 처방전은 무얼까? 권력을 가진 사람들은 상대를 먼저 배려하고 존중하는 사람으로 변신해야 한다.

타령질과 자랑질 하는 사람한테는 강하게 피드백해 줘야 한다. 그런 소통 방식이 상대의 마음에 부정의 잔고를 쌓이게 만든다는 사실을. 다른 사람들과의 소통에 방해가 된다는 사실을 모르는 경우가 대부분이기 때문이다. 물론, 그 사람과 가장 친한 사람이나 모임에서 가장 신뢰받는 사람이 나서는 게 좋다.

3가지 유형의 착각 痛(통) 유발자들을 위한 공통의 처방전도 있다. 바로 상대의 마음에 신뢰라는 느낌표, 즉 울림을 줘야 한다는 것이다. 상대 마음에 울림을 줘 '팥으로 메주를 쑨대도 믿는다.'고 할 정도의 신뢰 느낌표를 쌓아야 한다.

그런 의미에서 시어머니가 며느리에게, 어머니가 아들에게, 남편

이 아내에게 깊은 울림을 줘 긍정의 느낌표를 무한정으로 쌓은 사례를 소개한다. 창조적으로 모방해 사랑, 감동, 신뢰란 긍정의 느낌표를 주는 사람으로 진화하기 바란다.

6

그 엄마에
그 아들 이야기

최근에는 며느리 눈치 보면서 산다는 시어머니들도 부쩍 많아졌다. 그렇지만 아직까지도 고부간 불통과 갈등의 많은 원인은 시어머니에게 있는 게 사실이다. 물론 며느리로부터 정말 좋은 시어머니를 넘어 존경 받는 시어머니들도 많다.

불통과 갈등의 싹이 틀 토양 자체를 없애려 노력한 시어머니와 남편의 다음과 같은 이야기처럼.

〈내 나이 열세 살 때 아빠가 집을 나갔다. 엄마는 가사도우미, 식당 등 온갖 궂은일을 하시면서 나와 남동생 뒷바라지를 하셨다. 그래도 많이 어려웠다. 대학은 알바와 학자금 융자로 겨우 겨우 마쳤다.

열심히 노력한 덕분에 졸업 후 운 좋게 한 은행에 취업이 됐고, 입사 3년 만에 결혼도 했다. 난 시어머니와 남편 복이 넘치는 여자다. 처음 인사드리러 간 날부터 시어머니는 날 아주 마음에 들어 하셨다. 시어머니는 이런 분이셨다.

나와 결혼을 앞둔 어느 날, 남편은 시어머니와 마주 앉아 다음과 같은 대화를 나눴다고 했다.

"정일아, 만약에 말이야. 결혼해서 네 안사람과 내가 갈등이 있을 때 넌 누구 편 들래?"
"에이, 엄마. 전 당연히 엄마 편이죠. 제가 누구 아들인데요. 걱정 붙들어 매세요."

호기롭게 대답한 남편은 그러나 시어머니로부터 고맙다는 말 대신 꾸지람을 들어야 했다.

"물론 나는 엄청 노력할 것이다. 하지만 사람 일은 모르는 것이다. 그러니 나와 네 안사람이 갈등하는 상황이 오면 내 편 들지 말고 무조건 네 안사람 편을 들어라. 섭섭하다며 내 입에서 너한테 어떤 말이 나가더라도 흔들리지 말고."
"네, 엄마. 잘 알았어요. 하지만 무조건이란 건 좀 너무한 것 아닌가요? 요즘엔 고부 갈등이 며느리가 잘못해서 생기는 경우도 많잖아요. 아예 며느리 눈치 보는 시어머니들도 많고요. 그런 경우는 좀 그렇지 않나요?"
"일리 있는 말이다. 네 안사람이 상식을 벗어난 언행을 할 수도 있을 테니까. 잘잘못을 떠나 그래도 넌 무조건 네 안사람 편을 들어야 한다. 명심해라."

이유를 모르겠다는 듯 어리둥절한 표정을 짓고 있는 남편에게 시어머니는 다시 이렇게 말했다.

"네가 그러면 무척 섭섭하겠지. 나도 사람이니까. 내가 저를 어떻게 키웠는데란 생각이 들 땐 배신감도 느낄 테고. 그래도 네 안사람 편을 들어야 한다. 내가 화나면 다신 네 얼굴 안 보며 살겠다고 말할 수도 있겠지. 하지만 결국 시간이 지나면 다 풀어질 것이다. 너와 난 피로 맺어진 사이이기 때문이다."

"부모 자식 간이니 시간이 지나면 용서하고 화해할 수밖에 없다는 거군요."

"바로 그거야. 하지만 네가 만약 내 편을 든다면 어떨 것 같니? 네 안사람과 불화가 생겨 최악의 경우 이혼까지 갈 수도 있다. 그럼 네 애들은 어떻게 되겠니? 난 네가 행복하게 살기 원한다. 그러니 내 부탁을 외면하지 말거라."

그뿐만이 아니었다. 시어머니는 결혼해서 가사와 육아를 무조건 반씩 나눠서 하라고 했다. 아니, 남편더러 더 많이 하라고 했다. 명절날에도 설거지는 나 대신 남편을 시키셨다. 다음같이 말하는 시아버지한테 면박을 주기도 하셨다.

"은서 고모가 세 시쯤 도착한단다. 점심 먹고 은서 고모 오면 보고 출발하려무나."

"아니, 당신 딸만 친정에 빨리 왔으면 좋겠나 보네? 역지사지란 말도 몰라요? 사부인께서 당신 딸 오기를 얼마나 기다리시겠어요. 은서 고모는 나중에 보고 지금 당장 출발하거라."

이런 식이셨다. 이 같은 시어머니의 무한 배려에 나는 남편에게 종종 이런 말을 했다.

"정일 씨, 난 어머님이 너무 좋아. 아니, 존경스러워. 나도 나중에 그런 시어머니가 될 거야."

이제부터 우리 엄마와 시어머니 이야기를 해보련다. 7년 전 어느 날, 엄마가 갑자기 뇌졸중으로 쓰러지셨다. 엄마 건강을 먼저 걱정해야 했지만, 난 입원비와 간병 걱정부터 해야 했다. 나와 남동생 모두 직장을 그만둘 형편도 안 되었고 모아 둔 돈도 없었기 때문이다.

입원 이틀째 되던 날, 시어머님께서 병문안을 오셨다. 시어머님을 보자 갑자기 눈물이 나왔다. 시어머님께서 흐느끼는 내 어깨를 다독이신 후 말씀하셨다.

"사부인, 저예요. 저 알아보시겠죠?"

엄마는 대답 대신 눈물을 흘리셨다.

"사부인, 얼른 일어나세요. 퇴원하셔서 저랑 지리산 둘레길이랑 제주도 올레길을 같이 걸어요. 자, 우리 약속해요…."

시어머님과 엄마는 일곱 살 여자 아이들처럼 새끼손가락을 끼고서 이렇게 약속을 했다. 두 분의 그런 모습을 보며 눈물을 흘리고 있는 날, 시어머님께서 병실 밖으로 나오라고 하셨다. 시어머님께서 내 두 손을 꼭 잡으시면서 말씀하셨다.

"지선아, 울지 말거라…."

순간, 눈물이 핑 돌았다. 애써 눈물을 감추려는데 시어머님께서 봉투를 내미셨다.

"이거 병원비 보태 쓰거라. 학자금 대출 받은 것도 다 못 갚았을 텐데 네가 무슨 돈이 있겠니…."

병원비 걱정 말라며 사양했지만 봉투를 내 손에 꼭 쥐여 주시며 다시 말씀하셨다.

"그리고 간병인 걱정도 말거라. 내가 이래 봬도 보기보단 훨씬 정정하다. 내가 다음 주부터 네 엄마 곁을 지키마. 그 대신 일요일 오후부터 금요일 오후까지다. 나도 좀 쉬어야지. 네 시아버지 먹을거리도 좀 챙겨드려야 하고."

울지 않으려고 했는데 난 시어머님께 기댄 채 펑펑 소리 내어 울었다. 그렇게 시어머님 도움으로 엄마는 병원에 입원해 치료 받으셨다.

엄마는 당신이 빨리 죽어야 자식뿐 아니라 사부인도 고생 안 한다며 통 음식을 들지 않으셨다. 엄마의 건강은 급격하게 나빠지셨다. 엄마를 향해 나는 울면서 '어떤 자식이 자기 엄마 빨리 죽기를 바라겠느냐'며 티격태격하곤 했다.

그렇게 6개월여가 지난 어느 초겨울날, 병원에서 연락이 왔다. 오늘이 고비랬다. 하필 시어머님께서 볼일이 있으시다며 병원을 비우신 날이었다. 병원으로 달려가던 그 순간, 가장 먼저 시어머님이 생각났다. 나도 모르게 울면서 시어머님께 전화를 드렸다.

엄마는 의식불명이셨다. 남편보다 시어머님이 먼저 병원에 도착하셨다. 나는 엄마에게 속삭였다.

"엄마, 어머님 오셨어요. 엄마 병원비 어머님이 해주셨어. 엄마 치료 잘 받고 오래 오래 사시라고… 엄마, 외롭고 힘드실까 봐 간병도 직접 하셨잖아. 그러니 얼른 일어나…."

의식불명이던 엄마의 눈꼬리 부분이 파르르 떨리셨다. 시어머님께서 엄마의 두 손을 꼭 잡고서 말씀하셨다.

"사부인, 저예요… 안 드시면 어떡하냐며 억지로 떠먹이려 해서 저한테 많이 섭섭하셨죠? 죄송해요. 이젠 안 그럴게요. 그러니 훌훌 털고 일어나세요. 자, 우리 또 약속해요."

시어머님의 말씀이 끝나고 나자 친정 엄마가 거짓말처럼 눈물을 흘리셨다. 정말 일어나려는 듯 몸을 뒤틀려고도 했다. 나도 남편도, 시어머님도, 남동생도, 우리는 모두 기적이 일어나는 줄 알았다. 그러나 엄마는 2시간을 넘기지 못하셨다. 숨을 거두시기 전에 시어머님께서 말씀하셨다.

"사부인, 편히 가세요. 지선이는 이미 제 딸이고요. 사돈총각도 이제부턴 제 아들이에요. 제가 잘 챙겨서 장가 보내줄 테니 걱정 마세요…."

엄마가 이번엔 눈물 대신 미소를 머금으셨다. 엄마는 한 손으로 나와 남동생 손을, 다른 손으론 시어머님과 새끼손가락을 끼신 채 눈을 감으셨다. 남편 잘못 만나 불행하게 산 삶을 빨리 정리하고 싶으셨는지 엄마는 그렇게 일찍 돌아가셨다. 그렇지만 마지막 가시는 순간만큼은 행복하셨나 보다. 마지막 모습이 그렇게 평안해 보이셨다. 이게 다 시어머님 덕분이다.

시어머님은 3일 내내 빈소를 지켜주셨다. 불쌍한 엄마 생각에 눈물만 흘리고 있는 날 붙잡고 함께 울어주셨다. 엄마와의 약속도 정말 잘 지켜주셨다. 결혼 때는 물론 가족 행사나 명절 때마다 꼭 내 동생을 챙겨주셨다.

오늘은 시어머님의 49제 날이다. 남편과 동생네 부부와 함께 시어머님을 모신 공원 묘원에 갔다. 시어머님 묘비 앞에서 남편도 나도 많이 울었다.

오늘에서야, 시어머님과 했던 비밀 약속을 남편에게 털어놓았다. 그때, 엄마 병원비 어머님께서 많이 해주셨다고. 남동생 결혼할 때 전세라도 얻으라고 또 보태주셨다고.

"어머님 사랑합니다. 보고 싶습니다."라고 말하고 나서 난 남편과 부둥켜안고서 엉엉 소리 내어 울었다. 동생네 부부도 따라 울었다. 그렇게 한참을 울고 난 남편도 내게 말하지 않은 시어머님과의 비밀 약속이 있다고 했다.

'어머니와 아버지 앞에서뿐 아니라 형제들, 심지어 조카들 앞에서도 절대로 나를 흉보거나 내 약점을 이야기하지 않겠다. 잘하는 점, 좋은 점만 말할 것이다.'는 것이랬다.

난 '그 엄마에 그 아들이네….'라고 말하고 나서 남편 품에 안겨 다시 한 번 엉엉 울음을 터트렸다. 〉

무한 사랑, 무한 배려를 통해 며느리와 아내의 마음에 깊은 울림을 준 감동적인 이야기다. 지선 씨 시어머니와 같은 사람들만 있다면 이 세상에서 고부 갈등이란 말도 없어지지 않을까? 지선 씨 남편 같은 사람들만 있다면 부부간 갈등과 불통이란 말 역시 사라지지 않을까?

모든 사람이 활용하면 좋지만 특히 시어머니, 남편, 직장 상사 등 지위와 권력을 가진 사람들이 창조적으로 모방해야 할 사례라 할 수 있다.

7

그들이 술 通(통)할 때
난 도움 通(통)했다

도움을 주면 상대 마음에 울림을 줄 수 있다. 이심전심 상태를 만드는 긍정의 느낌표란 잔고를 가득히 쌓을 수 있다. 앞서 소개한 L 플라자 최 본부장처럼 돈을 벌게 해주든, 하는 일을 돕든 관계없다. 어떤 도움이든 받은 사람 대부분은 심리적으로 빚진 상태가 되기 때문이다. 가족 간에도 유용하지만 특히 비즈니스 하는 사람들에게 더 유용한 방법이다.

도움의 유형은 2가지다. 하나는 업무와 관련한 공적인 도움이다. 이 경우는 도움보다는 문제를 해결해 주는 편에 더 가깝다고 할 수 있다.

다른 하나는 집사 내지는 도우미와 같은 사적인 도움이다. '고객 집의 냉장고를 청소해 준다.'는 것과 같은 도움을 말한다. 사적인 도움은 시간적, 육체적으로 힘들다는 단점도 있다. 때로는 돈이 들어

가야 하는 경우도 있다. 절대 갑의 위치에 있는 사람들이 악용하기도 한다. 개인 비서나 심부름꾼같이 부려 먹는 일들도 비일비재한 편이다.

이런 경우는 상대 마음에 울림을 주기도 긍정의 느낌표를 쌓기도 어렵다. 우월한 위치에 있는 사람들은 그런 도움을 당연한 것으로 생각하기 때문이다. 쉽지 않겠지만 그런 도움은 적당한 선에서 그만 두는 것이 바람직하다.

이런 것들을 고려할 때 정보를 주는 것도 좋은 방법이다. 이 방법은 상대와 소통의 혈로를 트고 소통대로로 확장시키는 데 있어 아주 중요한 원천이다. 게다가 위에서 언급한 단점들에 대한 고민을 안 해도 되게 만들어 준다.

특히 영업이나 마케팅 하는 사람들이 효과를 얻기 좋은 방법이다. 한국코닝의 이행희 사장이 그와 같은 사례의 주인공이다.

〈 이 사장이 직장인으로서 맡은 첫 업무는 무역회사 사무 보조원이었다. 사무 보조원으로 열심히 일해서 영업사원이 됐다. 그러나 초기에는 애로 사항이 많았다. 1980년대 당시 그 업계의 영업 풍토가 주된 장애였다. 고객들과 저녁 먹고 술 마시면서 2차까지 가는 게 관행일 정도이다 보니 여성 영업인으로서 절대적으로 불리했다.

이 영업사원은 곰곰이 생각한 끝에 고객들에게 도움이 될 정보를 주기로 마음먹었다. 그 후로 유용한 정보를 잘 정리해서 우편으로, 또는 직접 방문해서 전달했다. 남자 영업사원들이 고객과 술로 通

⁽ᵗᵒⁿᵍ⁾할 때 정보라는 원천을 활용해 도움 通⁽통⁾한 것이다.

지금이야 이메일로 휙 전송하면 끝이지만 그때는 우편이나 팩스가 전부였던 시절이다. 지금보다 몇 배 더 많은 손품과 발품을 팔아야 했다. 그러나 성과는 기대 이상이었다. 고객들이 굉장히 좋은 반응을 보였다. 지금이야 정보를 보내 주는 영업인들이 제법 있지만, 당시엔 아무도 없었다. 성과도 기대 이상으로 좋았다.

이게 계기가 돼서 이 영업사원은 승승장구할 수 있었다. 술 通⁽통⁾ 대신 도움 通⁽통⁾! 한국코닝이라는 외국계 회사의 CEO가 될 수 있었던 원천이었던 셈이다. 〉

위 사례는 고객이나 잠재고객에게 정보를 보내 주는 도움 通⁽통⁾이 저녁 먹고 술 마시는 술 通⁽통⁾보다 더 효과적임을 입증해 준다.

물론 다음과 같은 질문을 던지는 이들도 있다. '요즘에도 정보를 제공해 주는 방법이 효과가 있을까? 요즘엔 정보의 홍수 시대라 별로 고맙게 생각하지 않을텐데. 게다가 카톡이나 밴드 등을 통해 정보나 유익한 읽을거리를 제공하는 사람들도 제법 많아졌잖아.'

맞는 말이다. 그래도 술 通⁽통⁾ 식의 관계 맺기를 통한 소통보다는 효과적이다.

영업인들의 예를 들어 보자. 최근 들어 자신의 고객과 잠재고객에게 다양한 정보와 읽을거리를 제공해 주는 영업인들이 제법 있다. 하지만 밥 通⁽통⁾, 커피 通⁽통⁾, 술 通⁽통⁾ 식의 관계 맺기를 시도하는 영업인에 비하면 그래도 훨씬 적은 편이다. 이런 식의 관계 맺기는 거의 대부분의 영업인들이 하고 있는 접근법이기 때문이다.

이게 뭘 의미하는 걸까? 고객들 중에는 당연하다고 생각하는 이들이 대부분이란 얘기다. 당연하다고 생각하면 울림을 주지도 긍정의 느낌표를 만드는 것도 쉽지 않다.

이번에는 어떤 정보를 주는 것이 좋을지 생각해 보자. 2가지 분야의 정보를 주는 게 좋다. 하나는 상대방의 업무와 관련된 정보다.

다른 하나는 개인적인 소양 관련 정보다. 자기계발, 창의력, 소통, 인생설계, 대인관계, 재테크 등 직장 생활은 물론 살아가면서 도움이 될 정보는 다 해당된다.

정보를 보내는 주기와 양은 어느 정도가 좋을까? 업무와 관련된 정보는 일주일에 한두 번 정도가 좋다(물론, 주식이나 부동산 등의 투자 정보는 매일 보내야 한다). 1회에 보내는 양은 A4 기준으로 1~3페이지 이내가 좋다(3페이지를 넘는 정보는 첨부 자료로 넘겨라). 너무 많으면 부담스러워하고, 적으면 부실해 보이기 때문이다.

개인적인 소양 관련 정보는 매일, 1회에 A4 기준 1페이지 정도가 좋다. 매일 보내는 게 벅차다면 1주일에 1~2회 정도 보내는 것도 방법이다. 화요 레터, 목요일의 편지 같은 식으로.

누구에게 보내면 좋을까? 업무와 관련된 정보는 고객과 잠재고객에게 보내라. 개인적인 소양 관련 정보는 알고 있는 모든 이들에게 보내는 것이 좋다. 고객은 물론, 직장 동료, 친구, 친지들에게 보내는 것도 좋다. 얼굴을 맞대지 않고서도 그들과 소통의 싹을 틔우는 데 유용한 방법이기 때문이다.

개인적인 고민이나 문제도
해결해 줘야 하나

제법 가까운 지인 중 한 분이 다음과 같은 문제로 고민하고 있다.

"아파트 분양을 받았는데 허위 과장 광고에 속은 것 같다. 계약을 해지하려 했더니 계약금을 돌려줄 수 없다고 한다. 중도금, 잔금 치르고 싶은 마음은 전혀 없는 상태다. 계약금 2천만 원을 날릴 판이다."

라고 하소연하면 당신은 어떻게 할 것인가? 이 같은 질문을 던지면 대부분 다음과 같은 답변들이 나온다.

'도와주고 싶지만 방법이 없지 않나요?'
'변호사 선임해서 소송 걸라는 방법밖에는 방법이 안 떠오르네요.'
'최대한 그분의 마음을 위로해 드리는 수밖에 없지 않나요?'

당신도 만약 위 3가지 경우와 비슷한 생각인가? 만약 그렇다면 그 지인과 마음을 터놓고 통하는 관계를 맺는 건 어렵다. 울림형 소통 달인들은 그렇게 소극적으로 대응하지 않는다. 그 지인이 보는 앞에서 분양 사무소에 전화해서 강력히 항의하는 식으로 대응한다.

이렇게 말하면,

'물론 그렇게 하면 좋지만요. 아는 지인들마다 그런 식으로 관여하다 보면 하루 24시간도 모자라지 않을까요?'

라는 식으로 말하는 이들도 있다. 물론, 그 정도까지 안 해도 상대와 좋은 관계를 맺는 사람들도 많다. 그러나 좋은 관계, 원만한 관계를 넘어 아주 잘 통하는 관계를 맺는 건 어렵다.

특히 영업이나 마케팅을 하는 사람들은 그렇게 대응하면 안 된다. 사업을 하는 사람들 역시 마찬가지다. 그들 중에는 중매를 서준다든지, 냉장고 청소를 해준다든지 같은 지극히 개인적인 문제까지도 해결해 주기 위해 노력하는 이들이 꽤 많기 때문이다.

물론 그렇게까지 안 해도 목표를 달성하고 원하는 성과도 낼 수 있다면 신경 쓰지 않아도 된다. 문제는 그렇게 되기가 쉽지 않다는 것이다.

위 상황은 실제 있었던 사례다. 은행에 들렀던 고객이 지점장을 보자 그렇게 하소연했다. 대부분은 위와 같이 대응하는 편이다. 그런데 그 지점장은 달랐다. 그 말을 듣고 나서 바로 분양 사무실에 전화를 걸어 강력히 항의했다.

어떻게 됐을까? 거절당했다. 이 같은 상황에 당면하면 보통 2가지 정도로 행동이 나뉜다. 그 정도 선에서 포기하거나 고객과 함께 분양 사무소로 쳐들어가거나. 그 지점장은 후자의 방법을 택했다.

그 고객과 같이 분양 사무소로 쳐들어가서 강력히 항의했다. 계약금을 돌려주지 않으면 분양 사무소 앞에서 1인 시위를 하겠다고 했다. 허위 과장 광고라는 사실을 조목조목 반박하는 피켓을 만들어서 말이다. 결국엔 계약금을 돌려받았다.

그 뒤 전혀 기대하지 않은 일들이 일어났다. 그 고객이 다른 금융회사에 맡겨 뒀던 예금 등의 만기가 돌아오는 대로 그 지점장에게 맡겼다. 30여억 원에 달했다. 그러나 그건 시작에 불과했다. 자신 주변의 친인척을 줄줄이 데려왔다. 입에 침이 마르지 않을 정도로 칭찬을 하면서.

그 고객은 왜 그런 행동을 했을까? 자신의 고민을 해결해 준 지점장의 행동에 깊은 울림을 받았기 때문이다. 울림을 통해 긍정의 느낌표란 잔고를 쌓는 것의 효과를 제대로 증명한 사례라 할 수 있다.

상대가 누가 됐든 업무 관련 문제 해결만으로는 울림을 주기 어렵다. 업무 관련 문제를 해결해 주는 것은 직장인, 자영업자 등 모든 사람들의 본연의 미션이기 때문이다. 당연하다고 받아들이는 것이다. 그래서 개인이 안고 있는 문제나 고민까지 해결해 주기 위해 노력하는 것이 필요하다.

특히 영업이나 마케팅, 서비스 등 접점에서 고객을 만나야 하는 직장인들은 그렇게 하는 것이 좋다. 고객의 마음을 울릴 활동을 해야 한다. 고객이 안고 있는 고민이나 문제를 해결해주기 위한 그런 활동, 더 나아가 그들 마음에 긍정의 느낌표를 쌓을 수 있는 활동들 말이다.

일반 직장인들 역시 마찬가지다. 1장의 "10인 10색 소통 痛(통)"에서 고민을 토로했던 D자동차 노무팀 동호인 과장 같은 경우 말이다.
4장에서 언급한 것처럼 노조 집행부 사람들과 취미나 자아실현 활동을 통해 어울리는 것도 그들과 잘 통할 수 있는 방법이다. 그런데 만약, 그들 중 개인적인 문제로 고민하는 이가 있다면 어떻게 해야 할까? 최대한 해결해 주기 위해 노력하는 것이 좋다.
문제를 진심으로 해결해 주려는 노력만으로도 상대의 마음에 깊은 울림을 줄 수 있기 때문이다. 물론, 왼손이 한 일을 오른손이 모를 정도로 비밀을 지키는 것도 필요하다.

상대가 안고 있는 고민이나 문제를 해결해 주는 것은 아무래도 영업이나 마케팅, 서비스 분야 일을 하는 사람들에게 더 효과적인 편이다.
고민이나 문제를 해결해 주는 영업 활동을 통해 보험 판매왕을 차지한 영업인도 있다. S생명 김양숙(가명, 51세) FC가 그 주인공이다.

〈김 FC가 S생명과 인연을 맺은 곳은 경주였다. 영업 입문 초기

성과는 좋지 않았다. 보통의 영업인들처럼 지인의 소개를 받아 여러 곳을 방문했으나 성과가 별로였다. 결국 자신의 고객 발굴과 접근 전략을 수정했다.

경주 지역의 의사·변호사 등 고소득자를 공략하기로 목표를 정했다. 문제는 그들의 관심을 어떻게 이끌어내느냐는 것이었다. 그들이 안고 있는 문제에 대한 솔루션을 주기로 마음먹었다.

그들에게 '본인 소유 건물을 갖고 싶으십니까?'란 1페이지짜리 제안서를 만들어 팩스로 보냈다. 그 제안서엔 경주시내 건물의 평균 가격과 건물을 소유하기 위해 필요한 자금, 그 자금을 어떻게 모을 것인지 등의 정보가 담겨 있었다.

그 후, 김 FC는 눈 코 뜰 새 없이 바빠졌다. 만나고 싶다는 전화 문의가 빗발쳤기 때문이다. 문제 해결 솔루션 제시 전략을 통해 김 FC는 보험 영업 시작 첫 해부터 1억이 넘는 연봉을 받았다.

4년이 지나고 나서 김 FC는 자신의 영업 무대를 부산으로 옮긴다. 부산에서 김 FC는 중견, 중소기업 오너 CEO를 목표고객으로 정했다. 접근법은 이번에도 그들의 고민과 문제를 해결해 주는 것이었다. '가업승계, 어떻게 준비할 것인가?'란 솔루션을 만들어 팩스로 보내고 직접 회사로 찾아가기도 했다. 결과는 어땠을까? 부산 지역의 오너 CEO들을 줄줄이 자신의 고객으로 만들 수 있었다.

경험이 쌓이자 아예 서울로 무대를 옮겼다. 서울에서의 목표 고객은 대기업 임원들이었다. 이번에도 역시 그들의 고민과 문제를 해결해 주기 위한 솔루션을 준비했다.

바로 "행복한 가정의 비밀", "100세 시대, 어디서 뭐하며 어떻게 살지?"라는 주제의 세미나였다. 내용은 재무 설계를 통해 노후자금을 모으려면 보험을 들어야 한다는 게 아니었다. 어떻게 하면 행복한 가정을 만들 것인가, 어떻게 100세 시대의 인생 후반전을 잘 물든 단풍처럼 살 것인가 하는 것이다.

평소 친분이 있던 그룹 사장, 부사장에게 부탁해 홍보를 했다. 이번에도 역시 세미나에 참가한 임원들을 줄줄이 고객으로 만들었다. 화려해 보이지만 가정 문제로 말 못 할 고민을 하는 임원들, 임원 퇴직 후 어떻게 살아야 할지 구체적 계획이 없는 임원들이 의외로 많았기 때문이다. 〉

김 FC는 이 같은 노력으로 S생명의 판매왕이 되고 연봉 12억의 주인공도 될 수 있었다. 이처럼 고객의 개인적인 고민이나 문제를 해결해 주는 방법은 영업인들이 성과를 내는 데 있어 파워풀한 솔루션이다. 고객의 마음에 깊은 울림을 줘 긍정의 느낌표를 만드는 강력한 원천으로 작용하기 때문이다. 이제 더 이상 '고객의 그런 문제까지 해결해 줘야 해? 내가 집사도 아닌데….'라는 문제로 고민하지 말기 바란다.

09
내 생애 가장 깊은
울림을 준 선물

울림을 통해 긍정의 느낌표란 잔고를 쌓게 해주는 원천 중 하나가 특별한 경험을 주는 것이다. 고객 경험과 비슷한 개념이긴 하지만 근본적으론 다르다. 재미와 즐거움, 감동과 같은 경험뿐 아니라 경이로움, 상상 이상, 추억, 향수와 같이 사람 마음속에 깊게 각인이 될 만한 특이한 경험을 말하기 때문이다.

평생 동안 한 번 볼까 말까 한 세계적인 아티스트의 공연, 영원히 기억될 만한 감동적인 이벤트와 서비스 등을 통해 그런 특별한 경험을 얻을 수 있다. 그러나 여기서는 선물을 통해 특별한 경험을 주는 법에 대해 언급하고자 한다.

선물은 오랜 역사를 자랑한다. 인류의 역사와 그 궤를 같이 한다고 해도 틀린 말이 아니다. 그럼에도 선물을 잘하는 사람은 그다지 많지 않다. 왜 그런 걸까? 선물의 의미보다는 뇌물의 성격을 띠는 경우가 많기 때문이다. 선물의 성격이 이렇게 변질되다 보니 무조건 값비싸고 귀한 것이 최고의 선물로 오해되기도 한다.

그러다 보니 선물을 받는 사람들 입장에서는 "이걸 선물이라고 주느냐…."라며 대놓고 불만을 표출하기도 한다. 주로 기업으로부터 선물을 받는 입장인 고객들에 많은 편이다(2016년 11월부터 시행된 '부정 청탁 금지법, 일명 김영란 법으로 인해 이 같은 현상이 많이 사라진 편이다).

부정 청탁 금지법 시행으로 고민이 더 많아졌다는 하소연을 하기도 한다. 이전에는 값비싼 선물을 하면 그래도 기본 이상은 됐다. 하지만 지금은 값이 저렴하면서도 상대에게 만족을 주는 선물을 고르는 안목이 있어야 하기 때문이다.

어떻게 하면 상대 마음에 울림을 주는 선물을 할 수 있을까? 다음과 같은 선물의 3대 의무를 지키는 것과 선물을 잘하는 법을 실천하는 것이 방법이다.

〈선물의 3대 의무〉

1. 대가를 바라지 말아야 한다

2. 특정한 의무가 없으면 받아야 한다

3. 받았으면 갚아야 한다

〈선물 잘하는 법〉

1. 정성을 담아라

2. 상대가 필요한 것을 줘라

3. 스토리를 담아라

선물을 받은 사람들 대부분은 갚아야 한다는 상태, 즉 심리적으로 빚진 상태가 된다. 대가를 바라지 않아도 마찬가지다. 선물을 주는 것만으로 상대 마음에 긍정의 느낌표란 잔고를 쌓게 만들 수 있는 것이다. 이게 바로 선물의 위력이다. 이제부터 선물 잘하는 법에 대해 알아보자.

선물은 값비싼 게 아니라 정성을 담는 게 중요하다. 한 병의 술이라도 백화점에 의뢰해 일괄 배송하는 것보다 직접 담가서 선물하는 게 좋다. 그런 의미에서 2000년대 중반에 실제 있었던 복분자 술 선물 사례를 소개한다.

〈 A은행 김영덕(가명) PB는 자신의 VIP 고객에 추석 선물로 뭘 할까 고민하고 있었다. 이때 후배 사원 한 명이 이렇게 말했다.

"김 PB님, 선물은 비싼 게 아니라 정성을 담은 게 좋대요."

그 말을 듣고 난 김 PB는 복분자 술을 직접 담가서 선물할 계획을 세웠다. 그는 복분자를 구하기 위해 인터넷을 검색했다. 그러나 복분자를 구하지 못했다. 그 당시는 복분자 재배 농가가 많지 않아서 계약재배 형식이 아니면 구할 수 없었기 때문이다.

결국 그해는 복분자 술 선물을 하지 못했다. 그 다음 해 추석에야 할 수 있었다. 그해 6월 초에 구한 복분자로 직접 술을 담글 수 있었

던 덕분에.〉

결과는 어땠을까? 김 PB가 그때까지 한 선물 중 가장 좋은 반응
이 나왔다. 선물 고맙다는 전화나 문자를 정말 많이 받았다. 값비싼
고급 양주도 아니고 기껏해야 복분자 술 한 병인데 왜 그런 반응들
이 나왔을까? 바로 고객들에게 정성과 스토리를 담아서 그들 마음
에 작은 울림을 줬기 때문이다.

정성은 공감이 갈 것이다. 1년 넘게 기다려 복분자 재배 농가와
계약해서 물량을 확보한 다음, 본인이 직접 담갔으니까. 게다가 백
화점이나 대형 마트에 주문해서 택배로 보낸 방식이 아니었다. 본인
이 직접 전달했다.

그런데 스토리를 담았다는 건 무슨 말일까? 전년도 5월에 복분자
를 구하기 위한 노력부터 복분자 술이 나오기까지의 전 과정이 스토
리이다. 김 PB는 그 스토리를 예쁜 종이에 담아서 복분자 술과 함께
선물했다.

그냥 '제가 담근 복분자 술입니다.'라고 말하면서 선물하는 것보다
훨씬 효과적이었다. 고객들이 '이 한 병의 복분자 술이 만들어지기까
지 1년을 넘게 기다려야 했구나, 한 송이 국화꽃을 피우기 위해서 소
쩍새가 그렇게 운 것처럼…'이라는 식으로 생각했기 때문이다.

이렇게 스토리가 더해지면 그 정성이 더 돋보이게 할 수 있다. 사
과 한 박스를 선물할 때에도 마찬가지다. 얼마든지 정성과 스토리를
담을 수 있다.

매년 사과나무를 개인에게 분양하는 사과 농장이 있다. 사과나무를 분양 받은 사람이 주말마다 사과 농장을 방문해 퇴비도 주고 종이로 사과를 싸주기도 한다면 어떨까? 가을에 수확할 때까지 사과 한 알, 한 알에 관심과 정성을 쏟을 수 있는 셈이다.

이와 같은 방법으로 사과 한 상자, 포도나 귤 한 박스를 선물해보라. 보통 선물보다 훨씬 그 가치를 인정받게 될 것이다. 그냥 사과가 아니라 당신의 땀과 노력과 정성을 담아 수확한 사과이기 때문이다.

봄에 분양 받을 때부터 가을에 수확하기까지의 일련의 과정을 사진이나 영상을 곁들인 스토리로 담아 선물하는 것도 방법이다. 그 사과, 귤 한 박스의 가치는 더 올라갈 수밖에 없다.

이번에는 선물을 받은 사람이 자신의 생애 가장 큰 울림을 받았다는 이야기를 소개한다. H생명보험 영업인인 선주심(가명, 45세) FC가 전하는 생생 사례다.

〈 주인공은 당시 중2, 초6이던 딸과 아들을 둔 40대 초반의 전업주부다. 증권회사에 근무하던 40대 중반의 남편이 나의 고객이었는데 종신 보험료가 미납돼서 보험실효 상태가 됐다. 3년 전인 2014년의 일이었다.

본인과 연락이 되지 않았다. 할 수 없이 부인한테 남편분의 종신 보험이 실효 상태이니 부활시키라고 권했다. 부인은 남편이 1년 전에 명예퇴직해서 그랬나 보다며 보험을 부활시키고는 싶은데 돈이 없다고 했다.

보험약관 대출을 권해서 그 부인 남편의 종신보험을 부활시켰다. 그런데 안타깝게도 얼마 후 남편이 교통사고로 사망했다. 그 부인으로부터 사고 소식을 접한 나는 마치 내 일인 양 발을 동동 굴렀다. 다음과 같은 생각이 자꾸 떠올랐기 때문이다.

'아이고, 이걸 어떡하나. 애들이 겨우 중2, 초6이랬잖아. 애들 엄마도 전업 주부고.'

그나마 다행인 건 그 부인 남편의 사망 시점이 보험금을 받을 수 있는 시점이었다는 것이었다. 그렇게 그 부인에게 남편의 사망보험금 2억이 지급됐다. 사망보험금을 수령하고 난 부인이 두 달 후에 나를 다시 찾아왔다. 그 부인은 사무실에 들어온 순간부터, 가면서 엘리베이터 문이 닫히는 순간까지 고맙다는 말을 수백 번도 더 했다. 마음이 너무 짠해서 그 부인이 가는 뒷모습이라도 보려고 창가로 갔다. 전철역 쪽을 바라보던 나의 눈가에 이슬이 맺혔다. 내가 있는 건물을 향해 여러 차례 절을 하고서 전철역으로 내려가는 부인의 모습을 봤기 때문이었다.

그녀가 다녀간 다음, 한사코 거절하던 나에게 준 선물을 확인한 나는 가슴에서 뜨거운 것이 올라와 왈칵 눈물을 쏟았다. 수제 비누였다. 도대체 무슨 수제 비누기에 왈칵 눈물까지 흘렸냐고? 수제 비누 포장지 안에 예쁜 봉투에 담겨져 있던 다음과 같은 편지를 읽었기 때문이다.

"선주심 FC님! 감사하고 또 감사합니다.

지금까지 살아오면서 부모님을 빼고서 가장 고마운 분이 바로 선 FC님이십니다.

남편 장례 치르고 나서 앞으로 무슨 일을 하면서 아이들 키울 것인가 고민했었습니다.

그러나 그 문제보다도 먼저 선 FC님께 고마움을 전하는 게 좋겠다는 생각이 들었습니다.

말로만 고맙다고 하긴 정성이 부족한 것 같고. 그렇다고 식사 대접도 그렇고, 무슨 선물을 하면 안 받을 것 같고….

그렇게 고민하다 수제 비누를 만들기로 했습니다. 제가 이 세상에서 가장 잘할 수 있는 일이었거든요. (중략)

선주심 FC님!

다시 한 번 감사, 또 감사드립니다.

늘 건강하시고 행복하시기 바랍니다. ^^

201X년 ○○월 ○○일 이YH 올림."

편지를 읽고 나서 그 부인이 직접 만든 수제 비누를 보자 가슴이 울컥했던 것이다. 다음과 같은 생각이 들었기 때문이다.

'이 비누 하나하나에, 그 향마다 마다에, 포장지 하나하나에 그분이 담을 수 있는 최고의 정성이 담겨 있구나.'

수제 비누도 그냥 수제 비누가 아니었다. 모두 7개였는데 하나하나마다 어떤 원료가 들어갔는지, 아토피에 좋은지, 여드름에 좋은지, 노화 방지에 좋은지 등에 대해 또박또박 아주 예쁘게 적혀 있었다. 글자 한 글자, 한 글자마다 그분의 진심 어린 정성이 담겨 있다고 느껴졌던 것이다.〉

선 FC는 그 부인의 정성에 뜨거운 울림을 받은 것이다. 자신의 마음 속 깊은 곳에서 용암덩어리가 솟구치는 듯한, 아니 그보다 더 뜨거운, 말로는 도저히 표현할 수 없는 뜨거운 울림 말이다.

상대가 누가 됐든 이 정도의 울림을 주면 마음으로 하는 대화가 가능하다. 막힘없이 잘 통할 수밖에 없다. 이제부터 누군가에게 선물을 할 때 고민의 차원을 달리하기 바란다.

'어떤 선물을 하지?'가 아니라 '어떻게 정성을 담지?', '어떤 스토리를 담지?'라는 고민 말이다. 그러면 당신도 주변의 많은 분들의 가슴에 깊고 뜨거운 울림을 줄 수 있다.

'상대가 필요로 하는 것을 정성과 스토리를 담아 주는 것!'

이게 바로 선물을 통해 상대 마음에 긍정의 느낌표를 만드는 울림형 소통의 기술 아닐까?

걱정 안 해요,
소통

이 책을 읽은 사람은 이제 말주변이 없다는 문제로 고민하지는 않을 것이다. 왜 무슨 말로도 통하지 않을 때가 있는지도 알았을 것이다.

불통의 원인이 배우자, 자녀, 친구, 직장 상사, 고객 등 상대에게 있다고 착각하는 사람도 없을 것이다. 모든 불통의 진원지가 바로 자신이라는 것을 알았을 것이기 때문이다.

남 신경 쓰지 않고 내 할 일만 다하면 된다는 사람, 자신은 정말 소통에 아무런 문제가 없다고 착각하는 사람도 많지 않을 것이다.

그럼, 이 책을 읽은 사람은 이제 더 이상 소통에 대해 걱정하지 않아도 될까? 그렇다고 생각한다면, 이 또한 착각이다.

'百聞以, 百見以, 百立以 不如一行'이란 말이 있다.

이 책이 전하는 핵심 메시지인 불멸의 소통 비밀 '상대 마음에 궁정의 잔고를 쌓는 것!'이란 말을 백 번 듣는다고, '진정한 소통은 마음으로 하는 것!'이란 이 책의 메시지를 백 번 읽는다고 해서, 소통 달인이 되겠다는 결심과 계획을 일백 번 세운다고 해서 소통 달인이 될 수 있는 게 아니다. 아주 평범하고 사소한 것일지라도 일단 실행해야만 가능하다.

그렇다면 무언가를 실행한다면 '걱정 안 해요, 소통' 상태에 다다를 수 있을까? 공감형, 어울림형 소통 달인도 되고 울림형 소통 달인도 될 수 있을까?

될 수도 있고 못 될 수도 있다. 이 책에서 소개한 A, S, R, G형 마음 소통 솔루션들을 실천한다고 해서 소통 잘하는 사람이 될 수 있는 건 결코 아니다.

잘 웃는 사람이 됐다고,
같이 울어 준 사람이 몇 명 된다고,
소통의 싹을 자르지 않고 상대를 인정하고 존중하기 위해 노력한다고,
주변 사람들과 좋은 관계를 맺은 사람이 몇 명 된다고,
도움을 주고 문제를 해결해 주는 식으로 울림을 준 사람이 몇 명 된다고….

'걱정 안 해요 소통', '마음으로 대화를 나누는 상태'의 경지에 다다를 수 있는 게 결코 아니라는 것이다.

왜냐고?

그런 상태나 경지에 도달하려면 임계점을 넘어야 하기 때문이다.

점 몇 개, 상대 마음 속 밑바닥에 깔린 정도의 긍정 잔고만으로는 안 된다는 것이다.

위에서 언급한 상태인 주변 사람 한 명을 한 개의 점으로 본다면 그 점이 수십, 수백 개는 돼야 가능하다. 긍정의 잔고로 가득 채워진 점들 말이다.

그 수십, 수백 개의 점들을 선으로 그을 수 있고 면도 만들 정도가 돼야 한다. 그러니 중도에 포기해서는 안 된다. 소통의 혈로를 뚫고 대로로 확장할 수 있을 정도의 수많은 점을 만들기 위해 노력해야 한다.

지금까지와 다르게,
남과 다르게,
될 때까지 다르게.

비즈니스 성과를 올리는 것과 유사한 것 같지만 다르다는 것도 알아야 한다. 비즈니스 세계에서는 점 한 개, 또는 몇 개만 있어도 목표를 이룰 수 있다. 그 점 하나가 수백, 수천 개의 점들을 합한 것보다 더 클 경우도 있기 때문이다.

그러나 소통은 다르다. 가족, 직장 상사와 동료, 부하 직원, 고객, 친구 등 당신이 만나야 하는 모든 사람들과 소통이 잘 이루어지도록 만들어야 한다. 상처를 주지도 받지도 않으려면 점이 크든 작든 관계없다는 뜻이다.

　부디 이 같은 수준까지 도달하기 위해 노력하기 바란다. 그런 수준에 도달하는 사람만이 '이젠 걱정 안 해요, 소통!'이라고 자부할 수 있을 것이다.

진정한 마음의 '소통'을 통해
행복과 긍정의 에너지가
팡팡팡 샘솟으시기를 기원드립니다!

권선복
(도서출판 행복에너지 대표이사, 영상고등학교 운영위원장)

'소통'이 중요한 화두로 떠오른 것은 비단 어제오늘 일에 그치지 않습니다. 타인과 관계를 맺으며 살아가야 하는 사회적 동물인 인간에게 '소통'은 언제나 중요합니다. 그 소통 하나로 좋은 인연을 얻을 수도 있고, 잘못된 관계를 맺을 수도 있기 때문입니다. 특히 요즘처럼 다원화된 사회에 이르러서는 더더욱 어렵고 힘들어진 것이 바로 소통이라고 할 수 있습니다.

책『오색 마음 소통』은 잘못된 소통으로 인해 상처를 받았던 모든 사람들을 위해 다섯 가지 소통 법을 소개하고 있습니다. 단순한 말의 기술, 글의 기술을 통해 소통하는 것이 아니라 상대의 마음에 진정한 울림을 주는 것이 진짜 '소통'이라고 말하며, 저자는 상대의 마음에 긍정의 잔고를 쌓는 것이 가장 중요하다고 강조합니다. 모든 것을 '남'의 탓으로 돌리기 바쁜 요즘 사회 분위기 속에서 모든 불통의 원인은 '나'에게 있다고 말하며 독자들에게 신선한 자극을 줍니다.

소통이라는 것은 한번에 처음부터 끝까지 완벽하게 해낼 수 없는 일입니다. 오랜 시간을 필요로 하는 일이며, 그만큼 많은 노력이 수반되어야 하는 일이기도 합니다. 조금 더 따뜻한 사회로 나아가기 위해 모두가 진정한 마음으로 소통할 수 있는 날이 오기를 기대하며, 이 책을 읽는 모든 분들에게 행복과 긍정의 에너지가 팡팡팡 샘솟으시기를 기원드립니다.

마음아, 이제 놓아줄게

이경희 지음 | 값 15,000원

이 책은 갤러리 램번트가 주최한 '마음, 놓아주다' 전시 공모에서 당선된 스물일곱 예술가들의 치유 기록을 엮어낸 책이다. 여기에는 작품을 통해 상처를 예술로 승화시킨 이들의 진솔한 이야기가 담겨 있다. 화가 개개인의 작품 소개와 함께 작가의 생각, 또 저자 본인의 이야기를 덧붙여 상처를 치유하는 하나의 과정 속으로 독자를 천천히 안내한다. 그 길을 따라 걷다 보면 우리는 힘겹게 붙잡고 있던 마음을 놓아주며 상처를 치유할 수 있게 된다.

아파트, 신뢰를 담다

유나연 지음 | 값 15,000원

'신뢰 경영'을 통해 한 아파트를 17년째 책임지고 있는 아파트관리사무소장의 가슴 따뜻한 이야기를 진솔하게 풀어내고 있다. 저자는 '진정성', '역량', '공감', '존중', '원칙'이라는 여섯 개의 키워드를 바탕으로 500세대 아파트를 믿음과 신뢰로 이끌어온 과정을 생생하게 그려낸다. 이 과정에서 '아파트'라는 하나의 공동체 문화를 만드는 데 있어 '신뢰'라는 키워드가 가장 중요하게 작용하였다고 말한다. 또한 저자는 "사람이 답이다"라는 진리를 새기고 모두가 함께 노력해야 함을 강조한다.

우리는 기적이라 말하지 않는다

서두칠·최성율 지음 | 값 20,000원

이 책은 1998년부터 시작된 '한국전기초자'의 경영 혁신 3년사(史)를 기록한 책으로, 당시 대우그룹에 소속되어 있던 서두칠 사장이 전문경영인으로 온 후 한국전기초자에 어떤 변화가 일어났는지 세세하게 담아내고 있다. 뿐만 아니라 증보판으로 다시 펴내면서, 한국전기초자에서 서두칠 사장과 함께했던 최성율 팀장의 '성공혁신사례'도 싣고 있어 당시 어떤 식으로 혁신 운동이 전개되었는지 더욱 생생하게 알 수 있도록 하였다.

4차 산업혁명 시대의 내 아이의 미래 일자리

안택호 지음 | 값 15,000원

이 책은 앞으로 4차 산업혁명 시대를 직접적으로 향유하게 될 우리 아이들을 위해, 부모가 어떻게 자녀를 교육해야 하며 어떻게 미래를 대비하게 할 것인지를 알려준다. 학문적으로 어렵게 접근하지 않아도 충분히 미래를 읽을 수 있으며, 그를 통해 아이들을 어떻게 교육해야 할지 알기 쉽게 설명해주어 독자들의 흥미를 자극한다. 자녀를 둔 부모들뿐만 아니라 미래 일자리에 대해 알고 싶은 학생들도 충분히 쉽게 읽을 수 있다.

굿모닝 소울메이트

이주희 지음 | 값 15,000원

"첫사랑을 못 잊는 사람들에게 이 소설을 바친다!"
이 책은 저자가 80년대 초반 출간해 베스트셀러에 오른 캠퍼스 소설 F학점의 천재들①②에 이어 나온 제3편으로 전작의 재미와 반전을 완전하게 재현했다. 주인공 두 사람의 꿈과 현실, 사랑과 배반, 가정과 사회에서 발생하는 사건들을 저자의 남다른 시각과 필력으로 재미있고 에로틱하면서도 속도감 있게 그려내고 있어서 소설이 주는 본래의 묘미를 느끼게 한다. 등장인물들의 감정 변화와 그에 따른 행동들 또한 하나의 매력 포인트다.

심정진리의 숲길

조형국 지음 | 값 15,000원

이 책은 신(神)으로 상징되는 초월적이고 심정적인 영역을 배제하고 물질문명과 이성적 진보만으로 이루어진 서양 중심의 현대 문명은 필연적으로 한계를 드러내며 허무주의라는 함정으로 빠질 수밖에 없다는 점을 역설한다. 또한 허무주의로 가득 찬 현대 문명을 극복하기 위해서는 이성의 존재가 아닌 심정의 존재로서의 하느님을 중심으로 통일사상에서 말하는 '3대 축복의 삶'을 살아야 할 것이라는 점을 강조한다.

부산은 따뜻하다

반극동 지음 | 값 15,000원

이 책은 한국철도공사 부산경남본부 반극동 전기처장이 알려주는 '인생열차 이용 안내서'이다. 철도인생을 마무리하는 3년간 부산에서 근무하며 노력한 저자의 경험을 담았다. "딸랑딸랑"하며 가족, 직원, 조직에서 원만한 인간관계를 유지하고 맡은 업무에 충실하기 위한 노하우를 알려준다. 또한 저자의 직장생활 35년 노하우를 담은 부록 '직장생활 이렇게 하면 달인이 된다'로 직장인의 바람직한 자세의 핵심을 담았다.

순결이 국가경쟁력이다

문상희 지음 | 값 15,000원

이 책 『순결이 경쟁력이다』는 이렇게 위기의 대한민국 가정, 나아가서 위기의 대한민국을 구해낼 수 있는 화두로 '순결'을 제시한다. 이러한 주장을 뒷받침하기 위해 저자는 하나님에게서 시작하여 가정으로, 가정을 통해서 사회로 뻗어나가는 '참사랑'의 원리와 '절대 성'의 원리, 그리고 그 기반에 있는 '심정'과 '미덕'의 힘을 강조하며 과거의 가부장 이데올로기와는 차별화되는 순결의 원칙을 이야기한다.